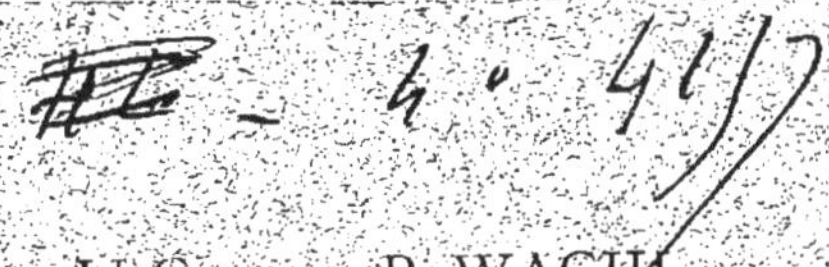

Lt-Colonel P. WACHI

EN ALGÉRIE

NOTES, ITINÉRAIRES ET SOUVENIRS
POUR SERVIR A L'HISTOIRE DE LA PROVINCE D'ORAN

L'INSURRECTION DE BOU AMAMA

(1881-1882)

(Extrait de *la Revue Tunisienne*, organe de l'Institut de Carthage)

TUNIS
IMPRIMERIE RAPIDE (Louis Nicolas, directeur)
6, rue d'Alger, vis-à-vis de la Résidence Générale

1902

COMMANDANT P. WACHI

EN ALGÉRIE

NOTES, ITINÉRAIRES ET SOUVENIRS
POUR SERVIR A L'HISTOIRE DE LA PROVINCE D'ORAN

L'INSURRECTION DE BOU AMAMA
(1881-1882)

(Extrait de *la Revue Tunisienne*, organe de l'Institut de Carthage)

TUNIS
IMPRIMERIE RAPIDE (LOUIS NICOLAS, directeur)
6, rue d'Alger, vis-à-vis de la Résidence Générale

1901

EN ALGÉRIE

Notes, itinéraires et souvenirs pour servir à l'histoire de la province d'Oran

L'INSURRECTION DE BOU AMAMA

(1881-1882)

PAR LE COMMANDANT P. WACHI

Le début de l'insurrection

L'assassinat du lieutenant Weinbrenner

Au mois d'avril 1881, le commandant supérieur de Géryville ayant été informé qu'une certaine agitation se manifestait dans la tribu des Oulad-Ziad-Cheraga, envoya un spahi pour arrêter le nommé Taïeb ben Djormani, mokaddem des Oulad-Sidi-Cheikh, et deux affiliés qui lui avaient été désignés comme prêchant la guerre sainte. Après six jours de recherches infructueuses, ce spahi revint à Géryville et rendit compte que les indigènes cachaient sans doute ce mokaddem, qu'ils prétendaient être à la recherche de chameaux perdus.

Le commandant supérieur envoya alors le lieutenant Weinbrenner, adjoint au bureau arabe, et celui-ci partit le 21 avril, accompagné par trois spahis commandés par le maréchal des logis Lakhdar ould bou Arfa. Le douar du mokaddem était campé au lieu dit Bou-Zoulaï, à environ quarante kilomètres de Géryville. En chemin, l'officier et son escorte reçurent la diffa au douar de El-Hamadna. Le caïd, nommé Cheikh bou Smaha, était à Souane, et on le fit prévenir. Après le repas, la petite troupe se dirigea vers le douar Djeramna, où résidait le mokaddem, et le lieutenant se rendit immédiatement à la tente de cet indigène. Il constata qu'il n'y avait personne, mais commit l'imprudence de soulever le rideau qui sépare les tentes en deux parties et de pénétrer dans le compartiment des femmes. Cette action fut remarquée par les gens de la tribu, qui étaient accourus en foule. Cependant, ces gens prirent soin des chevaux, dressèrent deux tentes pour le lieutenant Weinbrenner et son escorte et leur offrirent du café.

Interrogés sur les motifs de leur voyage, les spahis racontèrent qu'ils faisaient le recensement du bétail (zekkat), de nombreuses erreurs ayant été relevées sur les listes envoyées par le caïd. Sur ces entrefaites le caïd arriva ; il était environ quatre heures de l'après-midi. Informé des ordres du commandant supérieur, il conseilla d'attendre et de n'agir qu'au moment du départ. La soirée se passa sans incident et à neuf heures on se sépara pour dormir. Le lendemain au point du jour arriva Eddine ben Mohamed, personnage influent et ami du marabout Bou Amama, et quelque temps après Dahmane ben Cheikh, chef du douar El-Aouachir, tous deux désignés pour être aussi arrêtés. Eddine ben Mohamed, qui était riche, insista pour qu'on allât chez lui prendre du café et, sous prétexte de compter ses troupeaux, son offre fut acceptée. Le caïd donna alors l'ordre de faire approcher des chameaux et d'enlever la tente du mokaddem Taïeb ben Djormani qui décidément était en fuite. Cet ordre fut exécuté, mais causa un certain tumulte, et Eddine ben Mohamed, qui fut désigné avec son ami Dahmane ben Cheikh pour accompagner le convoi, refusa nettement et se retira chez lui. Le temps pressait : il fallait en finir. Dahmane fut donc prévenu que, s'il résistait, on l'emmènerait de force. Il se décida alors et changeant de ton il accabla le lieutenant Weinbrenner de protestations de dévouement et insista pour qu'on ne partît qu'après déjeuner. Weinbrenner, malgré les conseils de ses spahis, eut l'imprudence d'accepter, alors qu'on était déjà à cheval. Un grand tapis fut étalé au milieu du douar et on offrit des dattes et du lait. La foule entourait à une certaine distance l'officier et son escorte. A ce moment, on entendit Dahmane qui gourmandait les indigènes et leur disait : « Allons, ayez soin d'eux, servez-les ; qu'attendez-vous ? » Sur ces paroles plusieurs coups de feu éclatèrent ; une lutte s'engagea, mais Weinbrenner et les spahis, surpris par cette attaque, furent renversés.

Deux spahis gisaient tués par la première décharge ; un s'était enfui. Le maréchal des logis, terrassé, était maintenu par plusieurs Arabes qui le dépouillaient pendant que le lieutenant, étendu la face en avant et cramponné à la ceinture de ce sous-officier, était accablé de coups de matraque. C'est alors qu'un indigène nommé Kaddour bel Hady s'approcha et, à bout portant, lui tira un coup de pistolet dans la poitrine. « Nous sommes perdus ! » furent les dernières paroles de cet officier.

Le maréchal des logis, voyant l'émoi causé par la mort de son lieutenant, se précipita sur une femme qui tenait un enfant dans ses bras et, le lui arrachant, le serra contre sa poitrine. Grâce à cet *anaya* (protection), il dut à l'intervention du père de ne pas être massacré, car, d'après une croyance répandue dans les tribus, l'enfant serait mort dans l'année si on avait tué celui qui le portait.

Les Arabes s'excitaient mutuellement, criaient que le temps était venu, que Bou Amama était l'homme du jour et que ses ordres seraient exécutés. Le khalifat, frère du caïd, fut grièvement blessé. L'insurrection était décidée. (1)

(1) Les officiers des affaires indigènes, outre le tombeau qui est au cimetière français, ont fait élever par la tribu des Oulad-Ziad, et sur le lieu même du crime un *redjem* (amas de pierres) énorme que domine une croix.

Enchaîné, le maréchal des logis Lakhdar ould bou Arfa fut surveillé par deux nègres, et ce n'est qu'en affirmant que lui aussi était bon musulman et en promettant aux révoltés de leur indiquer les endroits où ils trouveraient à Géryville la poudre et l'argent, qu'il parvint à se faire détacher. Pendant plusieurs jours, il fut gardé à vue, mais, profitant de l'intimité qui s'était établie entre lui et ses gardiens, il s'échappa.

Tel est le récit que fit ce sous-officier indigène (1) en arrivant à Géryville.

Le lieutenant Weinbrenner était sorti avec le n° 1 de l'Ecole du Camp d'Avor. Il avait vingt-neuf ans.

Les Djeramnia remontèrent ensuite vers le nord-est dans l'intention de se réfugier chez les Harrar, mais ils se dirigèrent ensuite sur Asla, où le marabout Bou Amama arriva le 5 mai 1881.

Bou Amama

Version marocaine

Bou Amama (l'homme au turban) est né à Figuig, dans le ksar d'El-Hammam-Foukani, vers 1838 ou 1840. Il a donc environ quarante-deux ans. Il porte (2) toute sa barbe et a une verrue noire près du nez et sous l'œil droit. Son instruction est médiocre. Il a cependant étudié le Coran et la fantasmagorie *(kheutatira)*, c'est-à-dire qu'il pratiquait l'escamotage et la ventriloquie. Il n'en faut pas davantage pour séduire les naïfs et les fanatiques et leur faire croire, en Afrique et ailleurs, qu'on est doué d'une puissance surnaturelle. Il est resté à Figuig jusqu'en 1874 ou 1875, époque à laquelle il est venu s'installer à Mograr-Tahtani. Il est marié avec la fille de son oncle Si El Menouar.

El Arbi ben El Heurma, son père, était un homme insignifiant; il est enterré à Figuig, au ksar d'El-Hammam. El Heurma ben Brahim, son aïeul, est aussi enterré à Figuig; Sidi Brahim ben Tady, son bisaïeul, avait une grande réputation de sainteté; il demeurait à Figuig, mais venait chaque année recueillir des *ziara* (offrandes) dans le Tell, chez les serviteurs religieux des Oulad-Sidi-Cheikh. Il mourut dans l'une de ses tournées; on l'enterra et on lui éleva une koubba au point où il était mort, chez les Beni-Smiel (Sebdou). Ce Sidi Brahim était le fils de Sidi Tady qui, lui-même, était un des deux fils que le grand Sidi Cheikh (Si Abd el Kader ben Mohammed) aurait eus d'une femme de Figuig; mais, en raison de l'époque reculée, il est difficile de prouver la véracité de cette généalogie.

(1) Nommé sous-lieutenant au 2e spahis.

(2) Ceci a été écrit en 1881. Ce marabout vit actuellement à Figuig et en décembre 1900 a demandé l'*aman* (le pardon).

Version des Trafi

Bou Amama est fils de Si El Arbi ben El Heurma, derviche pauvre, inconnu, vivant dans la prière et mort en 1879. Bou Amama est né dans un ksar de Figuig; son enfance n'a été signalée par rien de particulier; mais, vers l'âge de quinze ou seize ans, il a été atteint par une maladie nerveuse. Il se dépouillait de ses vêtements et courait ainsi; d'autres fois, il disparaissait pendant plusieurs semaines. On était forcé de l'attacher. Il se réfugiait dans les koubba de Sidi Moummen, près de Zouzfana, de Sidi Youcef, près du ksar Zenaga, de Sidi Cheikh, à El-Abiod, de Si Mohammed ben Slimane, à Chellala. Il est resté près d'une année dans la koubba de Si Slimane bou Smaha, aux Beni-Massif; le mokaddem lui apportait à manger. Ce genre d'existence dura cinq ans; il avait des attaques épileptiformes, tombait, devenait bleu et se roulait brisé par des convulsions qui duraient parfois une heure. Il n'est pas guéri, car en 1877 il est tombé de cheval surpris par une de ces attaques.

Lorsqu'il était enfant on le croyait idiot, mais quand vint l'époque pendant laquelle il resta dans la koubba de Si Slimane, il fut détesté par beaucoup de gens à cause des propos qu'il tenait aux femmes et des maris ont cherché à le surprendre en flagrant délit pour le tuer. Lorsqu'il revint chez son père, il n'avait d'anormal que son habitude de vivre solitaire. Il allait s'asseoir dans les palmiers. En 1879, il fut gravement malade en revenant d'El-Abiod. Il racontait à ceux qui le visitèrent qu'il avait été suivi par une bête énorme à sept têtes, à laquelle il avait tiré deux coups de feu. Il disait que cet animal, à son tour, avait tiré un coup de feu sur lui et qu'il était tombé. A l'appui de cette histoire il montrait une blessure comme en ferait une balle entrant par l'omoplate gauche et sortant par le teton droit. Ayant donné à un savant de Figuig, Si Ahmed ben Achour, le signalement de la bête qu'il représentait comme un monstre à sept têtes avec crinière de cheval et raies noires sur le corps, ce savant dit à ceux qui lui rapportaient ce fait qu'en effet le Coran parlait d'animaux semblables !

Vers 1874, Bou Amama, qui était pourtant toujours peu aimé à cause de ses façons d'agir envers les femmes, mais qu'on craignait, vint s'établir à Mograr. On lui donna un terrain et on lui bâtit une maison. Peu à peu son influence s'étendit. Il hébergeait les voyageurs et les pauvres. On lui construisit une seconde maison pour ses hôtes et, avant l'insurrection, il avait cinq jardins. On lui attribua la *baraka* (le don de faire des miracles) et il fut constaté que les gens qui se servaient de son nom en faisant un faux serment étaient bientôt convaincus de culpabilité.

A partir de ce moment, il jouit d'une grande réputation parmi les Oulad-Sidi-Cheikh et leurs adeptes. Il ne donnait pas le chapelet, mais apprenait à ses élèves les prières et les devoirs des ordres de Sidi Cheikh et de Muley Taïeb.

....

Cette dernière version nous a été donnée par un témoin oculaire et digne de foi. Elle prouve suffisamment que Bou Amama est un hystérique et un jongleur. Il a usé de ce dernier talent pour exciter les dissidents pendant la période aiguë de l'insurrection. Alors qu'il prêchait la guerre sainte, il s'arrêtait subitement et, poussant un cri, disait : « Les Français ont tiré sur moi ! » Et, relevant son burnous, il montrait à ses auditeurs stupéfaits son corps moucheté d'ecchymoses bleues et noires comme en produirait le choc des balles mortes.

De tout temps Bou Amama a entretenu des rapports amicaux avec les Oulad-Sidi-Cheikh, dissidents depuis 1864. Il était connu de Si Hamza Ould bou Bekeur, leur chef, et, en 1878, lorsque Si Hamza qui était interné, s'est enfui de Géryville, il fut compromis. Il a été démontré qu'il avertissait les tribus ennemies des mouvements de nos goums lorsque, craignant une incursion, en 1880, on les avait réunis. Cependant, lorsque les indigènes lui demandaient à quelle époque on serait délivré des chrétiens, il répondait : « C'est Dieu qui les a amenés, c'est Dieu qui les fera partir ; mais ni vous ni moi n'y pouvons rien. Ne faisons pas de désordre maintenant à ce sujet. »

Malgré ce conseil hypocrite, ses affiliés religieux s'agitaient, promettant aux croyants les secours du sultan du Maroc, de l'émir Abd el Kader et même de la Turquie et entretenaient l'horreur des Français en annonçant l'arrivée prochaine du Moul-es-Sâa, du maître de l'heure, qui devait chasser les chrétiens des pays musulmans.

Voici la traduction d'une improvisation chantée dans les tribus, quelques mois avant l'insurrection de 1881, par un Trafi adepte des Oulad-Sidi-Cheikh et ami de Bou Amama :

Combien tu es beau, pigeon aux plumes bleues, le plus noble des oiseaux !

Porte cette lettre à l'admirable cavalier.

Vole vers le Sultan qui dans l'ouest est chez Abdelouahab le guerrier au ceinturon musqué.

Le vaillant cavalier, mon égide et le poison des ennemis.

Celui que mon cœur attend avec une impatience fébrile qui a fait blanchir mes cheveux.

En vain je soupire après l'heure de la délivrance, elle ne vient pas !

L'ordre de se rassembler se fait attendre ; mon désappointement est grand.

Cependant le guerrier qui est enchaîné sera, s'il plaît à Dieu ! bientôt délivré.

Le sac aux mouches[1] *(l'armée des chrétiens) est sur une pente fatale.*

(1) Les indigènes appellent ainsi les Européens à cause de l'aspect que présente une troupe se déployant en tirailleurs.

C'est une réunion tumultueuse qui n'a plus de maître.

Prépare-toi rapidement pour le combat, rends veuves les femmes des villes et des maisons de pierres.

Quant à vous, fuyards, vous reculerez vers Djidjely, vous embrasserez la foi musulmane, que nous vous imposerons, nous les fils du Prophète bien-aimé, les serviteurs du fils de notre prince.

Nos ancêtres nous sauveront au jour de la résurrection.

Cette troupe d'hommes dégradés est avilie complètement.

Ils n'ont aucun jugement et leur religion est méprisable.

La Méditerranée et la France sont troublées profondément.

Et leurs navires balancent sans force dans les ports leurs voiles blanches.

N'oubliez pas que le Lion apparaîtra à la date indiquée.

Ils sont sur les remparts; leurs clairons et leurs tambours font retentir l'air.

Leurs troupes sont plus nombreuses que les sauterelles.

Mais lui il arrive par le Tlelat et s'enfonce dans le sud.

Il mange à Dir-bou-Hanech; la poudre parle; Bou Choucha s'avance.

Les palanquins se balancent élégamment; les drapeaux sont déployés.

Abd el Kader, le fils de Mahi Eddine, arrive avec la victoire.

Il coupera mille de leurs têtes.

Il détruira de fond en comble Alger la corrompue et fondra comme la foudre sur Oran.

Par Sidi Mohammed, le bien-aimé, serviteur du Tout-Puissant, que Dieu lui accorde la victoire!

Le hardi faucon ne laissera que des femmes errantes qui se répandront jusque dans le Sahara.

Où sont ces savants qui faisaient pour nous des talismans et brillaient par leur science?

Venez voir ces renégats qui ne vivent que d'injustice!

Ils ont apostasié et vendu leur foi religieuse, ils sont devenus des chiens. (Les caïds et les cadis.)

Ils ont consommé le plus de ruines qu'ils ont pu.

Quiconque est corruptible est par le fait menteur.

La justice du cadi se vend à prix d'argent; sa figure blême est sa juste punition.

Ne m'interrogez pas sur les caïds! Le sang ruissellera de leur corps comme d'une fontaine.

Quant au spahi, au bach-adel, au turco, ils sont tombés dans la boue.

Les mains du khodja (transcripteur) seront dépouillées de leurs ongles et coupées.

Celui qui m'a dit ces paroles est un des habitants du paradis aux huit portes dont la langue ne prononce que des mots doux comme de la soie. Elles ne sont point inventées par un vulgaire improvisateur.

Je me mets sous la garde du Grand Protecteur,

Qui me sauvera des flammes brûlantes de l'enfer.

Que Dieu m'accorde sa miséricorde et rende la route facile à moi, à mes parents et à l'assistance!

Bou Amama est affilié à la mystérieuse et puissante secte des Senoussia.

Depuis le succès de l'insurrection, Bou Amama s'est fait faire un cachet ovale comme celui des cadis. Je possède une lettre marquée avec ce cachet, lettre qui m'a été remise par mon ami Si Mohammed ould el Bachir, agha des Beni-Mathar, et dans laquelle Bou Amama lui reproche sa fidélité à la France.

Septembre 1881.

Une excursion en pays insurgé.

« Si un homme de génie parvenait à réunir les Arabes sous sa loi, ils feraient encore trembler le monde. »
Général Berthézène.
(Rapport au Ministre de la Guerre en 1831.)

Il est des voyageurs qui vont à Rome ou en Égypte s'extasier devant l'antiquité: j'ai préféré l'actualité.

Parti d'Oran avec un léger bagage, je suis arrivé à Saïda et de Saïda suis parvenu sans grandes difficultés à Mosbah, dernière station du chemin de fer de la Compagnie Franco-Algérienne, qui exploite l'alfa de la province d'Oran. Me procurer un guide n'a pas été chose aussi facile; cependant, avec des douros et l'aide de quelques recommandations, j'ai trouvé un cavalier qui a consenti à m'accompagner jusqu'au Kheïder.[1] C'est à dater de ce moment que mon excursion a réellement commencé.

J'étais à 30 kilomètres du dernier jalon planté, en 1881, par la civilisation européenne. On arrive au Kheïder (prononcez Kreïder: le lieu vert) par la vallée de l'oued Fallet, qui aboutit au chott Chergui, près du *ksar* (village arabe) de Sidi-Khelifat. Ce village, habité par une population de marabouts, accueille indifféremment amis ou ennemis. C'est un point neutre où se ravitaillent les colonnes et où les dissidents viennent chercher des nouvelles. Marchands, espions, guides, bergers, telles sont les professions des indigènes, les Oulad-Sidi-Khelifat, qui cultivent quelques champs d'orge et récoltent et vendent les produits de leurs petits jardins. Les marabouts vivent aussi de la *ziara,* offrande en nature ou en argent, et du *refar,* tribut fixe

(1) Altitude 988 mètres, au nord-est du chott Chergui.

que leur paye annuellement leur clientèle religieuse. Les maisons sans étage, construites en briques de terre cuite au soleil, et les murs en pierres sèches donnent un aspect misérable à ce ksar, qui est dominé à l'est par un mamelon sur lequel on voit la *koubba* (le tombeau) du marabout Sidi Khelifat. C'est sur ce mamelon que se trouve le cimetière d'où le colonel de Mallaret *a canonné* Bou Amama. Les indigènes me montrent l'emplacement du camp, et de tous côtés je trouve les traces que laissent les feux des colonnes et le piétinement des chevaux. La position, au point de vue militaire, est magnifique. La vue plonge au nord dans la vaste échancrure de l'oued Fallet et au sud-ouest se perd dans les sables du chott Chergui (lac salé de l'est). En poussant à environ quatre kilomètres à l'est et après avoir suivi un chapelet de puits, creusés, m'a-t-on dit, par des ouvriers marocains venus à grands frais,[1] j'aperçois le Kheïder, une série de monticules formant un demi-cercle dont un marais est la corde, et sur ce dernier monticule, à l'ouest, un petit bordj (fort) en ruines, bâti en terre et pierres. Ce bordj a son histoire — histoire de guerre et de sang, comme tous les souvenirs de ce pays — et peut-être la raconterai-je un jour. Pendant l'insurrection de 1864, un officier des affaires indigènes et quelques hommes ont tenu tête à l'ennemi derrière ce modeste rempart et ont même plusieurs fois pris l'offensive. En descendant vers le sud, un grand marais séparé par des jetées naturelles s'étend sur plusieurs kilomètres. Très salé en certains points, il contient sur d'autres une eau claire et excellente. La végétation de ce lac moitié marécage se compose de grands roseaux verts dont les chevaux et bestiaux sont très friands. Plusieurs troupeaux de bœufs et moutons paissent tranquillement, et on ne se douterait pas qu'ici eût pu finir l'insurrection si les dieux et... les hommes n'en eussent décidé autrement. C'est au Kheïder qu'ont campé les colonnes Detrie et de Mallaret. C'est de ce bordj qu'est parti le général Detrie pour poursuivre vers l'extrémité orientale du chott Chergui les contingents des Lagbouat-el-Ksel insurgés, pendant que l'autre colonne descendait à Tismouline; c'est au Kheïder que le commandant Jacquey, avec deux compagnies du 2e tirailleurs, a repoussé un parti trafi qui essayait de forcer le passage.

(1) Il y a en Algérie des indigènes connus et renommés pour leur habileté comme puisatiers. Du reste, dans l'antiquité les Africains connaissaient les puits artésiens, et sans parler de Moïse l'Égyptien, qui fit jaillir l'eau du rocher en le frappant avec sa baguette, on peut citer Olympiodore, historien dont Photius, patriarche de Constantinople en 857, a fait des extraits, qui dit positivement: « On creusa dans les oasis du Sahara, à 200 et même 500 aunes de profondeur (aune 0m16 environ), des puits dont l'eau jaillit et déborda, lesquels puits, reliés souterrainement, devaient faire un canal et amener l'eau. »

Les voyageurs anglais Wood et Darwin ont trouvé en Asie Mineure des traces de puits artésiens à Balbeck et à Palmyre, et les oasis du Touat possèdent des travaux d'irrigation considérables dans ce genre.

Un défilé, un gué, une jetée si l'on veut, car la dénomination varie avec l'époque de l'année et la hauteur des eaux, conduit vers les deux principaux points d'eau du sud, Bir-el-Amra et Menizla. Obliquant à l'ouest sans traverser ce gué, je me suis dirigé le lendemain vers Chaïb. Lorsque la saison le permet, on marche dans le chott, dont les bords sont entourés de dunes et dont le sol, formé d'un sable fin et magnésien, emmagasine la chaleur et brûle les pieds.(1) En hiver, il faut suivre les plateaux terminés par des falaises à pentes douces couvertes d'alfa qui bordent les rives. La dépression à laquelle on donne le nom de chott reçoit les eaux du versant sud du Tell de la province d'Oran. C'est dans ces sables que viennent se perdre l'oued El-Hammam, l'oued Fallet, l'oued Ktaïma, etc. D'une altitude bien inférieure aux plateaux et montagnes qui l'entourent, le fond est formé d'un terrain perméable sans doute jusqu'à une certaine profondeur seulement, car dans le milieu du chott il est mobile et l'imprudent qui essaierait de traverser serait infailliblement enlisé dans une boue sablonneuse. Les indigènes ne s'y hasardent jamais. Il y a des passages connus, et Bou Amama, alors qu'il était poursuivi par cinq colonnes, n'a point essayé de fuir par un autre endroit que par un de ces passages. C'est la route que nous suivons sous un ciel de feu, malgré l'heure matinale. Le paysage ne change pas : du sable, de l'alfa, quelques essences aquatiques et, à la limite de l'horizon, le djebel Antar, le djebel Amrag et les hauteurs de Bou-Guern.

Mon guide monte un petit cheval étique et tantôt trottine derrière moi, tantôt à mon côté. Il garde le silence. Nous sommes à l'époque du ramdane ; il a sans doute passé la nuit à veiller et à manger et pense aux marabouts de Khelifat dont, en ce temps de ramdane, la principale occupation est de dormir à cette heure. Le *haïk* (voile) sur la bouche, la *guelmouna* (capuchon) de son burnous sur la tête, il pense que la journée sera chaude et pousse son cheval en se contentant de m'indiquer brièvement la direction à suivre.

Le *ramdane,* qui est le carême musulman, dure pendant toute une lune. Il a été institué par Mohamet en souvenir du mois pendant lequel la loi sainte lui a été communiquée par Dieu.

La loi défend de manger, de boire ; le jeûne est complet pendant la journée. Il commence au *fedjeur,* point du jour, pour se terminer au

(1) Consulter, au point de vue du danger des dunes, l'intéressant travail publié en 1892 par M. le capitaine Godron, chef du bureau arabe d'Aïn-Sefra : *Les dunes sahariennes ; leur immobilisation.* Fontana et Cie, éditeurs, à Alger.

M. Godron, en moins de trois ans et presque sans dépense, a, par des procédés très simples, immobilisé quarante hectares de dunes sur lesquels ont poussé sans soins, sans culture, plus de cinquante mille arbres ou arbustes d'essences diverses. Grâce à ce résultat, les établissements français construits en 1882-83 à Aïn-Sefra, qui étaient menacés d'un ensevelissement sous le sable de l'Areg (colline sablonneuse), sont aujourd'hui à l'abri de ce danger. Les indigènes appellent Areg l'immense bande de sable mamelonnée, d'une largeur de 2 à 300 kilomètres, qui s'étend de l'océan Atlantique au golfe de Gabès.

moghreb, crépuscule. Les fervents mahométans se privent pendant ce mois de tout commerce avec les femmes et pendant le jour évitent même de respirer l'odeur d'une fleur, mais la plupart des Arabes de la classe commune se livrent la nuit à des orgies afin de compenser les privations qui leur ont été imposées pendant le jour.

La guerre est interdite pendant le ramdane, sauf la guerre sainte.

Un coup de canon informe, dans nos postes, les Arabes du commencement du ramdane et le coucher du soleil est annoncé chaque jour suivant de la même façon. La fin du jeûne est saluée par une décharge de vingt et un coups de canon et le carême se termine par une fête, el-aïd-es-srir, « la petite fête ». Le ramdane ne tombe pas toujours à la même époque de l'année; cela se conçoit, sa durée étant indiquée par le mois lunaire, il fait sa révolution en trente-deux ans. Lorsqu'il a lieu pendant les longues et brûlantes journées d'été, il impose une véritable souffrance aux indigènes. Ce sont deux assesseurs du cadi qui déterminent le jour et l'heure de l'apparition de la nouvelle lune.

Dans certaines villes de la province d'Oran, à Tlemcen, Géryville, etc., quatre jours avant la fin du ramdane, les petites filles, parées de leurs plus riches vêtements, parcourent les rues en chantant et mendiant. Elles sont armées de longues gaules destinées à chasser les chiens lorsqu'elles pénètrent dans les maisons. Elles sont rarement accueillies par un refus, et chaque groupe fait une ample récolte de grains, de viande séchée, etc. Après l'aïd-es-srir, ces vivres sont consommés en commun par les groupes qui les ont recueillis. Cette coutume a pour but de faire participer à la fête les indigènes pauvres.

La température humide et brûlante devient insupportable; mais, après plusieurs heures de marche, un bouquet vert apparaît et ses dimensions grossissent rapidement. C'est Aouïnet-Rozlane (les petites sources des gazelles); cette verdure est arrosée par deux sources autour desquelles on a creusé des puits. Plusieurs sont salés. Il est à remarquer que l'eau est à environ un mètre cinquante de profondeur et qu'on la trouve ainsi partout dans le chott, où on pourrait rester pendant toute l'année si le climat, qui est très malsain l'été, le permettait.

Après un repos, nous repartons et, après une heure de marche, campons à Chaïb. Nous sommes dans un îlot au milieu du sable. Des sources et un marais infesté par d'énormes sangsues.

Ces sangsues, qui sont de l'espèce dite *dragon*, ont été employées par les médecins militaires des colonnes. Elles ont les qualités médicales des sangsues de Hongrie et des Landes. A ce point de vue, les marais des chotts, dans lesquels fourmillent ces annélides, pourraient être exploités.

Ces sources donnent de l'eau en grande quantité.

Les ruines d'un ancien ksar, habité autrefois par une fraction des Oulad-Sidi-Khalifat qui s'est jointe aux autres après bien des combats, subsistent encore. Des débris de toutes sortes jonchent le sol. Les caisses à biscuit et les tonneaux défoncés et abandonnés indiquent que plusieurs colonnes militaires ont fait séjour. C'est à Chaïb que Bou Amama a traversé le chott, pendant qu'une minime fraction de son convoi fuyait par Bou-Guern.

Tandis que je cherche à m'abriter des rayons d'un soleil ardent et que mes *sokrars* (convoyeurs), qui sont parents de mon cavalier, déchargent leurs petits bourriquots, Ahmed, c'est son nom, coupe une ample provision de feuilles de roseau sur laquelle se précipitent nos chevaux. Ce genre de nourriture paraît décidément beaucoup leur plaire, et ils délaissent volontiers l'alfa et l'orge pour ce fourrage, vert et frais.

La chaleur est suffocante ; nous nous réfugions sous une tente basse en poil de chameau, et, pêle-mêle avec les indigènes, je m'étends à terre après avoir pris un peu de nourriture et bu avidement l'eau qu'ils ont apportée dans leur *guerba* (outre).

Réveillés, le lendemain, avant le lever du soleil, nous traversons le chott, éclairé encore magnifiquement par la lune et les étoiles. La lumière est si vive qu'il est possible de lire.[1] Nous émergeons en escaladant les dernières pentes du djebel Amrag et marchons tout le jour dans une plaine d'alfa. Je suis prévenu que l'étape sera longue et que nous ne trouverons pas d'eau avant Aïn-Fekarine (la fontaine des tortues). En effet, la journée s'écoule sans la moindre diversion. Le pays est désert, quelques lièvres, des vipères à cornes, d'innombrables lézards sont les seuls êtres vivants que j'aie aperçus. Accablé par la fatigue et la chaleur, je ne m'arrête que pour manger et laisser aux chevaux quelques instants de repos. C'est avec une envie mal déguisée que les malheureux Arabes, condamnés au jeûne, qui m'accompagnent me voient porter ma gourde à mes lèvres. Enfin, dix heures après notre départ, nous arrivons ! Quelques puits, un marais, des *redirs* (mares) dans le fond d'un ravin : voilà Aïn-Fekarine. C'est en ces lieux que la colonne Innocenti, dont on n'avait plus de nouvelles depuis plusieurs jours, a rencontré, au mois de juin, en revenant d'Asla, la colonne de Daya qui à cette époque était chargée de défendre le passage de Bou-Guern.

Nous campons à l'extrémité nord du ravin, à l'endroit où était campé le goum des Beni-Mathar, dont les éclaireurs lancés à la recherche de la colonne partie de Géryville ont poussé jusqu'aux ksour (pluriel de ksar, village) de Chellala, qui servaient de magasins de ravitaillement aux insurgés.

(1) *Coelum stellis fulgentibus aptum.* VIRGILE. *Enéide.*

Le départ s'effectue comme la veille, mais malgré les affirmations d'Ahmed qui prétend que le pays est complètement désert, je prends quelques précautions et place mon revolver à portée. Je crois qu'aucun parti ennemi ne parcourt en ce moment le pays, mais l'expérience m'a appris que de nombreux maraudeurs suivent souvent les colonnes et quelquefois en font partie. Au point du jour, un cavalier se jette dans notre petite caravane. C'est un éclaireur qui nous apprend que le général Colonieu remonte sur Sfid par le Kheïder, pour aller chercher un ravitaillement porté par 4.000 chameaux, alors qu'une autre colonne légère, passant par Bou-Guern, Chaïb et Marhoum, fera des études au sujet de l'eau et des postes à occuper. Il ne reste à Mecheria que le détachement de travailleurs occupé à aménager les sources et à construire la redoute et le nombre de troupes nécessaires pour les protéger.

Nous nous dirigeons à l'est, vers le col qui sépare le djebel Haguer (montagne stérile) du djebel Amrag, et avant d'y arriver nous trouvons un immense redir nommé El-Ouassa : c'est là que les colonnes venant à Bou-Guern font grand'halte.

Les seules productions sont toujours l'armoise et l'alfa. Le sol varie suivant les produits, ou plutôt les produits varient suivant le sol.

Il est calcaire ou sablonneux avec l'alfa et recouvert d'une légère couche de terre arable lorsqu'on rencontre l'armoise. C'est dans les *djaffa* (cuvettes) ou les oueds (rivières) desséchés qu'on voit surtout cette plante mélangée aux juliennes blanches et violettes, à l'asphodèle,(1) au romarin, à la sauge. J'ai pu constater un fait qui m'avait été certifié : c'est surtout dans le sable que croît l'herbe fine et drue du désert; on n'en voit presque pas sur les *hamada* (plateaux pierreux) que nous avons traversés jusqu'à ce jour.

Nous franchissons le col et continuons à marcher sur de hauts plateaux jusqu'à l'oued Kouijidad. C'est là que commence la pointe occidentale du chott Chergui. Après cinq heures de route, nous nous arrêtons à Oglat- (les puits) es-Srour, qui est porté sur les cartes sous le nom de Souara. Nous sommes en pleine solitude. Pas une tente, pas un être humain. Des redirs et plusieurs puits salés, voilà pour l'eau. De l'alfa, du guetaf, de l'*aïdouane* (sorte d'herbe tellement salée qu'elle fait mourir les moutons qui la mangent en trop grande quantité), du *chebouk* qui sert de nourriture aux chameaux, du drin *(stipa barbata)*, voilà, à peu près, avec l'armoise, toute la végétation de ce lieu désolé. Bou-Guern(2) est à une heure et demie de là. C'est un des passages importants du sud.

(1) L'asphodèle a des souches à fibres radicales renflées, dont on retire de l'alcool par distillation.

(2) Une redoute de 175^{m} et de 1^{m} 30 de hauteur a été construite en vingt-quatre heures sur ce point par la colonne de Ras-el-Ma, le 1er février 1882.

Entre le chott Chergui et le chott Gharbi, l'eau est rare et n'existe sur aucun autre point pendant l'été; les caravanes sont donc forcées, dès qu'elles ont une certaine importance ou sont accompagnées de troupeaux, de venir boire à Bou-Guern (le père des cornes). C'est une des étapes des Hamyan de Sebdou et des Amgad lorsqu'au printemps ils conduisent leurs chameaux dans les pâturages des chotts.

D'Oglat-es-Srour, après avoir visité Bou-Guern au point du jour, nous nous dirigeons en longeant le chott sur El-Amra, grand'halte des colonnes où nous trouvons puits et redirs nombreux. A partir de ce point, la pente devient sensible; on monte graduellement jusqu'à l'embouchure de l'oued El-Hammam. On sort du chott en gravissant un escarpement accessible seulement à l'infanterie et à la cavalerie. Il existe pourtant d'autres vallées parallèles qui permettent aux voitures et à l'artillerie de descendre jusqu'à Bou-Guern. Nous longeons le lit de l'oued El-Hammam (la rivière du bain) et arrivons, après sept heures de marche, à Djarf-el-Ghorab (le rocher des corbeaux). Cette désignation, qui vient d'un rocher dans lequel nichent en effet quelques-uns de ces oiseaux, s'applique au *bled* (pays) sur une étendue de plusieurs kilomètres dans la direction sud-nord. Le lit encaissé et raviné de l'oued conserve l'eau en plusieurs endroits, et ce sont ces redirs qui permettent aux colonnes de faire étape ici, pendant l'hiver et le printemps.

En Algérie, tous les *oued* (rivières, ruisseaux) sont à sec pendant une grande partie de l'année; l'apparence bleue ou les indications des cartes de ce pays sont trompeuses, et ce n'est qu'après la saison des pluies, l'automne, que l'eau des oueds et des redirs est assez bonne et en quantité suffisante pour permettre aux troupeaux et campements de descendre dans le sud. Pendant la saison sèche, l'été, les tribus nomades émigrent vers le nord. Ce mouvement annuel vers le Tell s'appelle, en langage officiel, l'estivage. Il est nécessité par les besoins des chameaux et moutons, qui ne trouvent plus à cette époque nourriture et eau dans les parages du Sahara. C'est une des graves questions soulevées par les rattachements au territoire civil qui ont remis à la colonisation les terrains sur lesquels les nomades avaient droit de parcours. C'est un problème difficile à résoudre, attendu qu'il n'est point de compensation possible à donner à ces indigènes. La solution à trouver est d'un grand intérêt pour le trésor, car il est incontestable que si les troupeaux dépérissent, diminuent, l'impôt *zekkat* (sur le bétail) diminuera d'autant; or, cet impôt est le seul payé par les tribus du sud, qui sont errantes et ne cultivent pas. C'est un des mécomptes soulevés par l'opération hasardée des rattachements à outrance en 1879-80. C'est un fait brutal, indiscutable, qui s'est traduit il y a un mois par la désertion d'une tribu algérienne, les Rezaïna, qui, repoussés des pâturages et des points d'eau du Tell, ont fait entièrement défection et sont aujourd'hui au Maroc. Cette tribu, qui est d'origine trafi et affiliée aux Oulad-Sidi-Cheikh, devait évidemment avoir des intelligences avec l'ennemi, mais telle est la raison qui a été donnée par le caïd Sassi, qui l'administrait, et cette raison est plausible. Pendant que nous avançons, une tache noire glisse devant nous, couvrant le sol sur un espace considérable : c'est l'ombre faite par un nuage, un vol de sauterelles.

De Djarf-el-Ghorab à El-Hammam s'étend une immense plaine ondulée. C'est la mer d'alfa. Peu à peu le lit de l'oued El-Hammam est moins encaissé et bientôt il nous est possible de le suivre. La marche dans l'alfa est très fatigante et nos montures ne sont que des *kaïdars* (mauvais chevaux).

Dans ces bas-fonds, la végétation varie et l'alfa est remplacé par le *metennane*. Nous rencontrons plusieurs redirs à Souïga (le petit marché), à Melga (le confluent), à Bedjeloud (l'endroit des peaux). En ce dernier lieu aboutit le *feid* (ravin) Ahmed, qu'on suit pour aller à Chaïb en venant d'El-Hammam. Nous visitons un chantier d'alfa abandonné qui se trouve sur la hauteur à l'est, au point de rencontre des deux vallées. Plusieurs rangées d'alfa empilées sur 1m50 de hauteur et 200 mètres de longueur, des tas de cordes faites avec cette plante, des gourbis, véritables huttes de sauvages, se pressent sans ordre, et à peu près au centre est un gourbi plus vaste, plus élevé : c'est la cantine où le commis du propriétaire débite vivres, boissons. Un village de Cafres : tel est l'aspect que présente un chantier d'exploitation d'alfa.

A quatre kilomètres se trouvent les puits d'El-Hammam.(1) Un mamelon entouré de plusieurs redirs sert de terrain de campement aux troupes : l'alfa brûlé et piétiné en est la preuve. Dans le lointain, on aperçoit au nord les forêts de Daya, où on peut aller en quatre heures (ces distances sont comptées faites au pas rapide du cheval arabe), en passant par la traverse de Ben-Nour. En se dirigeant vers le nord-est, route suivie par les colonnes et les convois, on arrive aussi en quatre heures à Sidi-Chaïb, où coule l'eau vive de plusieurs sources et de l'oued Messoulen. Il y a même un marais avec du poisson, et des trembles ont été plantés sur ses bords par un officier des affaires indigènes. Ces arbres, très élevés aujourd'hui, forment un vaste cercle, et c'est avec une véritable satisfaction que je fais placer ma *guittoun* (tente, demeure) sous leur ombrage. Quelques rares champs cultivés annoncent qu'on est à la limite du désert, et les points noirs qui piquent l'horizon sont les tentes des

(1) Une redoute a été construite sur ce point par la colonne de Ras-el-Ma (ancienne colonne de Daya), au mois de février 1882.

douars des tribus des Beni-Mathar, dont le goum accompagne et éclaire la colonne partie de Daya.

Le lendemain au lever du jour, après avoir traversé pendant deux heures et demie une plaine d'alfa et de grandes forêts de chênes nains et de genévriers de Phénicie, au milieu desquels croissent le drin et le diss, plantes très appréciées comme fourrage, nous apercevons la vigie de Daya (altitude 1.392^{m}), sorte de blockhaus placé sur la pointe d'un rocher. Ce monument, nul au point de vue de la défense, est destiné, comme l'indique son nom, à être occupé par une petite garnison qui veille. *C'est probablement pourquoi il n'y a jamais personne?* Il est, du reste, parfaitement inutile à l'époque actuelle, sinon comme spécimen bizarre de conceptions parfois coûteuses. Les officiers qui m'en parlent disent en riant que le mortier a été délayé avec du champagne !

La disette d'eau règne dans le poste de Daya. Les habitants d'une rue de quatre ou cinq cents mètres, qu'on appelle prétentieusement le village, sont rationnés comme les hommes du 1er bataillon d'infanterie légère d'Afrique, qui, eux, représentent la seule raison d'être de ces habitants (lisez débitants).

En résumé, peu de terres colonisables, pas d'eau, pas de population agricole, et, comme communications, le télégraphe et une sorte de carriole qui tous les deux jours transporte vers le Tell voyageurs et dépêches. C'est dans ce véhicule que je me hisse, et, après vingt-quatre heures de tortures dans des chemins défoncés, après avoir rencontré la ferme de Tralimet, traversé les plaines colonisées et les villages du Telagh et de la Tenira, j'arrive à Bel-Abbès, dont les larges rues bordées de beaux arbres me paraissent magnifiques. Cinq heures après, le chemin de fer me jetait à Oran. Dès que je serai reposé, et si les événements le permettent, je repartirai pour le sud. *In ch'Allah!* (s'il plaît à Dieu !)

Une excursion sur les hauts plateaux (ouest)

« Il n'y a de Dieu que Dieu, et Mohammed est le prophète de Dieu. »

Les événements du sud offrant un calme relatif et les dissidents ayant gagné le Maroc, je n'ai pas attendu l'hiver pour repartir, et c'est vers l'ouest que je me suis dirigé.

C'est incontestablement sur le terrain que j'ai parcouru que se continuera le mélodrame algérien, car il ne faut point se dissimuler que derrière les assassinats de Saïda et les incursions de Bou Amama il y a la grosse farce des paniques inexcusables, des administrateurs hésitants, de l'autorité militaire à la poursuite d'un ennemi qui se dérobe, enfin, le déploiement extraordinaire de forces représentant pour la province d'Oran un effectif d'au moins trente mille hommes contre quatre ou cinq mille Arabes armés de mauvais fusils, de couteaux ou de matraques.

A côté du soldat qui souffre et qui meurt, il y a le colon qui découvre des complots et qui tout en demandant l'extermination de la race arabe, demande aussi par la voie de la presse algérienne à ne pas faire ses vingt-huit jours. Il y a le bourgeois plus timide qui réclame à grands cris le refoulement des indigènes, seule main-d'œuvre pour la culture, et ne paie et ne vote que parce qu'on lui promet la paix alors qu'il voit chaque jour des régiments défiler sous ses yeux! Ceci est le côté absurde de l'insurrection.

Donc, ayant pris à Oran le train pour Bel-Abbès, je me suis retrouvé après quelques heures dans cette ville coquette et parée, où la culture de la vigne commence à devenir sérieuse.[1] Point ne vous ferai la description de Bel-Abbès, pas plus que de Bou-Kanifis et Ben-Youb, dont le pillage en 1864 commença la réputation de Si Slimane ben Kaddour, le chef des Oulad-Sidi-Cheikh marocains. Vous trouverez ces descriptions dans tous les guides, et mon intention étant de voir les hauts plateaux, je n'ai fait que traverser ces villages, ainsi que celui de Slissen. Lorsque je dis villages, c'est un peu prétentieux, surtout pour ce dernier, qui est encore dans sa période de croissance, attendu que les concessions des feux qui devaient le former n'ont pu être délimitées, l'insurrection ayant éclaté au moment où le travail de répartition allait commencer.

La voiture qui me transporte arrive à Magenta le soir, et vraiment ce village, vu dans le crépuscule, paraît charmant. Cela contraste avec les environs d'Oran, qui rappellent le Champ-de-Mars parisien. La route serpente sous bois, traversant plusieurs fois la rivière de la Mekera, dans laquelle va se jeter l'oued Slissen, suivant une direction nord. Au nord-ouest, on découvre la grande plaine des Aouïnet (petites sources); à l'est, les montagnes couvertes de chênes, de pins d'Alep et de térébinthes sur lesquelles se trouve Daya, et, au sud, les bois de Magenta. Ces forêts et ces montagnes ont des noms

(1) En 1870, la culture de la vigne, en Algérie, couvrait 9.000 hectares; en 1879, il y avait 20.000 hectares. En 1889, cette colonie avait 94.842 hectares de vignes produisant 2.512.098 hectolitres de vin; en 1899, elle avait 139.026 hectares de vignes produisant 4.648.700 hectolitres de vin, sur lesquels 4.648.000 étaient exportés en France. (*Bulletin du Ministère de l'Agriculture*, novembre 1900.) La province d'Oran à elle seule possédait, en 1899, 72.598 hectares produisant 1.874.651 hectolitres de vin. C'est la province ayant la plus grande étendue de terrains plantés en vigne.

Les vins algériens sont l'objet d'appréciations très différentes; ces appréciations sont justifiées selon que les vins proviennent de plaines, coteaux ou montagnes et aussi d'après les cépages, le climat et surtout l'habileté des cultivateurs et vignerons. Le commerce, en France, a pendant longtemps vendu les bons vins algériens sous l'étiquette vins de Bordeaux, et les vins médiocres ou mauvais sous le nom de vins d'Algérie. Cette façon de procéder explique la défaveur des vins algériens chez les consommateurs.

arabes curieux. La montagne du côté de Daya se nomme Djebel-Aouïja (la montagne estropiée) et la forêt Aïn-Tidème (la forêt de la source de Tidème). Ces pentes cessent, me dit-on, à Trébuzia (l'endroit où crie l'hyène) !

Je descends de voiture sur la place du bordj qui renferme les établissements militaires, caserne, hôpital, manutention, et est occupé actuellement par deux compagnies du 64e régiment d'infanterie. On m'indique une auberge, et le gîte étant passable et la cuisine mangeable, choses rares en Algérie, je me couche, rêvant à Bou Amama, Si Slimane, Si Kaddour, Si Hamza, les grands chefs, les quatre chefs de bandes du sud.

Le lendemain à cinq heures, les fanfares des clairons sonnant la diane me réveillent. On m'indique un guide : c'est un indigène des Oulad-Balagh-Fouaga (les fils adultes d'En-Haut). Commandé la veille par mon hôte, qui lui-même a fixé le prix, couché par terre, la bride de son cheval étique traînant devant lui, je trouve ce cavalier qui, devant la porte, m'attend philosophiquement. Une buée épaisse couvre la vallée, et le village, avec ses rues droites et alignées, me paraît moins gai que la veille. Beaucoup de maisons sont en ruines ou en construction et les arbres des rues encore à l'état rudimentaire. Le brouillard jette sur tout une teinte grise et terreuse que les premiers rayons de soleil ont peine à dissiper. Dès le départ, mon guide me montre les nuages qui planent encore sur le bordj, en prononçant le mot *heumma* (la fièvre) !

Le pays en effet a la réputation d'être malsain. En temps ordinaire, la garnison monte à Daya pendant l'été et la garde du fort reste confiée à un petit détachement du 1er bataillon d'Afrique, qui est renouvelé fréquemment.

Le chemin que nous suivons est bien tracé ; de profondes ornières indiquent que c'est la route suivie par les lourdes voitures des alfatiers qui viennent de Ras-el-Ma. Elle court dans la forêt de Segaet-Rohat (qui s'arrose elle-même), se dirigeant vers le sud. [1] A l'est, à travers les éclaircies, on aperçoit la vallée de la Mekerra, qui prend à Magenta le nom d'oued El-Hassaïba (l'artère). A l'est, elle est dominée par les hauteurs du djebel Teba-Rohat (la montagne qui se pare elle-même) ; à la sortie du bois, après environ vingt kilomètres, nous obliquons à l'est et nous nous dirigeons vers Aïn-Touten-Yahia (la fontaine de Touten Yahia, nom de l'indigène qui l'avait captée).

(1) Les forêts du cercle de Daya contiennent des sangliers, que les Arabes nomment *hallouf er raba* (porc des bois) ou *hallouf militaire*, pour les distinguer du porc, qu'ils appellent *hallouf civil* (prononcez cibil).

D'après le recensement de 1881, la superficie des forêts de la province d'Oran est de 580.414 hectares. Les essences les plus communes sont : le chêne-liège, le chêne zéen, le chêne vert, le pin d'Alep, le tamarix, le lentisque, l'olivier sauvage.

Une source abondante nous permet de nous rafraichir, et c'est avec un véritable plaisir que je plonge ma figure et mes mains dans cette eau glacée. Mon guide, qui bride son cheval après l'avoir fait boire, me fait signe qu'il faut partir avant que le soleil, qui monte à l'horizon, ne nous frappe directement de ses rayons. Nous partons donc à travers l'alfa et le gertila (sorte de gazon) et atteignons bientôt la rivière. Le pays prend en cet endroit le nom d'El-Mrassel (l'endroit où on lave). La vallée très large est inondée par chaque orage, mais le thalweg, où coule en toutes saisons l'eau des sources, est bordé de berges à pic dans lesquelles des coupures ont été pratiquées pour le passage des troupeaux ou pour celui des voitures. Après avoir fait sept kilomètres depuis Touten-Yahia, nous arrivons à Ras-el-Ma (la tête de l'eau). Nous sommes sur les hauts plateaux, et le djebel Beguia-ou-Benyta (la montagne de la vache et de sa fille), au sud, domine tout le pays et se fait remarquer par sa forme bizarre. C'est à la tête de l'eau même qu'est le camp retranché occupé par la colonne Duchesne.(1) Je descends chez un propriétaire de chantiers des environs, et je puis, quelques heures après, visiter le camp, qui affecte une forme rectangulaire, à partir de la rivière, puis l'aile droite faisant un brusque coude à droite se termine par un autre rectangle. Des retranchements en pierres sèches dissimulés par de la terre et de l'alfa rendent impossibles les surprises.

L'endroit choisi est bordé au sud et au nord par un ravin, à l'ouest par la rivière, et ne serait guère abordable qu'au sud. De ce côté, à 600 mètres environ, est le camp du goum, puis le retranchement à hauteur d'homme, puis le campement de deux compagnies d'infanterie, puis, parallèlement à celles-ci, la cavalerie, et enfin l'administration, dont les sacs d'orge et les caisses à biscuit empilés forment un véritable réduit dominant tout le camp. La position est inexpugnable. L'officier qui m'accompagne m'apprend que c'est de Ras-el-Ma que partent les colonnes légères chargées de protéger le pays jusqu'à Marhoun. Pendant ce temps, la nuit est venue brusquement avec le coucher du soleil. Les vedettes de cavalerie, dont les silhouettes gigantesques se profilaient sur le ciel, descendent des hauteurs et sont remplacées par les grand'gardes d'infanterie. Les sentinelles doubles se relient, formant un cordon de sûreté derrière lequel veillent les petits postes. Le troupeau de chameaux chargé du transport du convoi revient des pâturages d'alfa, conduit par les sokrar et escorté d'un détachement de chasseurs d'Afrique. Sa place la nuit est au milieu du camp, où couchent les bêtes entravées au genou, opération qui leur fait pousser ce cri particulier qui tient du beuglement et du gloussement.

(1) Aujourd'hui général de division.

La température est descendue de plusieurs degrés et la transition est si brusque qu'elle me saisit et me fait frissonner. Je descends au gourbi qui doit m'abriter et nous nous asseyons devant une de ces poules au riz où le safran et le *felfel* (poivre arabe) forment une sauce rouge dont la vue fait pétiller les yeux de Mostefa ben Brahim. Quelques poignées de dattes remplacent le dessert, et on me fait remarquer sur la partie médiane de l'endocarpe du noyau un signe, une sorte de poinçonnement que les Arabes nomment le *cachet* (taba) *de Dieu* et que les troupiers appellent le *timbre du bureau arabe*. Cette marque existe sur tous les noyaux.

Après avoir englouti, c'est le mot, la part dévolue à chacun, nous écoutons, roulés dans nos burnous, les alfatiers espagnols qui grattent leurs guitares en fredonnant des habaneras et les racontars de Mostefa qui, fumant sa cigarette et buvant un café brûlant et abondant, deux qualités qu'il semble apprécier, nous affirme qu'il n'est point descendant des Oulad-Balagh, mais bien dès Oulad-Sidi-Cheikh, dont une fraction a reçu du bureau arabe l'autorisation de s'établir sur notre territoire. Cette fraction, qui paye l'impôt, a conservé des relations d'alliance et de commerce avec les gens de la tribu mère et souvent l'hiver les tentes descendent dans le sud avec les troupeaux ; Mostefa assure qu'il connaît Bou Amama, qu'il appelle un fils de sauterelle *(ould djerad)*, un pauvre diable, et voici le portrait qu'il nous trace du fameux marabout.[1]

Bou Amama paraît âgé de quarante-cinq à cinquante ans. Il porte toute la barbe, taillée en collier, à la mode arabe. Sa famille appartient aux Oulad-Sidi-Tadj, fraction des Oulad-Sidi-Cheikh-Gheraba, mais lui est né à Figuig. Son père a été crieur public à Mograr, c'est-à-dire parcourait les rues, vendant aux enchères burnous et bijoux, comme cela se pratique dans les souks ; son oncle est marabout et son grand-père l'était. Quoique ayant peu d'importance, il jouissait avant l'insurrection d'une certaine influence sur les indigènes qui venaient le consulter. Fuyant notre domination, il n'était pas hostile à la France et ses avis à notre égard étaient écoutés. Pourtant, dans ces derniers temps, il donnait à entendre que la domination française touchait à sa fin. Il prêchait la fusion des ordres religieux, disant : « Vous êtes tous musulmans ; qu'importe le chapelet ! écoutez mes conseils : ils sont les mêmes pour tous les croyants. » Le but de ces paroles est facile à deviner. Il cherchait à obtenir pour lui et les Oulad-Sidi-Cheikh les offrandes que les tribus du sud donnent aux mokaddem de Mouley Taïeb (Maroc) et de Sidi Abdelkader Djilali (Bagdad), et obéissait au mot d'ordre des Senoussya.

Là-dessus je m'endors, au moment où Mostefa entame une disser-

(1) Voir les deux versions que nous avons données sur les origines de ce marabout.

tation de haute politique sur les motifs de l'insurrection, et cette fois, malgré le peu d'élasticité du sol qui me sert de couche, je ne suis poursuivi par aucun rêve. Je dors... je dors... et... suis réveillé en sursaut par des coups de feu qui éclatent sur la rive gauche de la rivière. J'ouvre précipitamment la porte et reçois en plein visage... le rayon de soleil qui illumine le gourbi. Je regarde du côté des détonations : ce sont des compagnies d'infanterie qui tirent à la cible. Je dormais si profondément que je n'ai pas entendu sonner le réveil. Les rives de l'oued sont animées par le passage des cavaliers qui conduisent leurs chevaux à l'abreuvoir. Un bataillon manœuvre au pied du camp, dont les cuisines fument, pendant que les clairons font vibrer refrains et marches à deux kilomètres dans la direction de Feid-el-Guefoul (le ravin des caravanes). Les chameaux s'éloignent lentement, balançant leurs longs cous de chenilles et broyant les tiges d'alfa qu'ils réunissent, tordent et arrachent très adroitement. Dans le lointain, une colonne apparait peu à peu ; c'est la reconnaissance journalière qui, partie avant le jour, revient et se profile à l'horizon.

L'heure avance ; nous partons. A trois kilomètres environ, après avoir traversé la rivière et parcouru un bled mamelonné et couvert d'alfa, nous retrouvons la route d'El-Aricha, qui est la continuation de la route de Magenta à partir d'El-M'rassel. Cette route, accessible à toutes les armes, est dans un état de conservation parfait. Les voitures sont rares de ce côté et malgré sa beauté ce chemin est peu fréquenté ; les chantiers d'alfa s'arrêtent à hauteur de Ras-Nouada, Ras-el-Ma, El-Goret-Sebdou. Les Angad et les Hamyane sont des voisins peu commodes, et malgré les touffes de cette plante, qui sont dans ce pays d'une hauteur remarquable, les colons espagnols n'ont pas encore envahi le cercle de Sebdou. Ce cercle commence à Ras-el-Ma à partir de l'oued El-Hassaïba, qui sert de limite au cercle de Daya.

Il est six heures du matin et malgré le soleil nous sommes transis. Le thermomètre marque + 9° centigrades. La température de la journée et celle de la nuit diffèrent de plus de 20°, et ce brusque saut de température est une des principales causes qui, en cette saison, déciment la population algérienne. L'Arabe, avec ses burnous dont il augmente le nombre à volonté, et son acclimatement, redoute peu ces différences, mais le colon imprudent qui s'habille comme en France ou le soldat qui couche sur la terre et n'a qu'une tente plus ou moins close pour s'abriter souffrent beaucoup. Afin de remédier autant que possible à cet inconvénient, il a été distribué dans les camps limites du Tell un certain nombre de grandes tentes (seize hommes) et l'état sanitaire a certainement profité de cette mesure.

La route tracée à travers l'alfa coule droite et blanche. On aperçoit de tous côtés des douars Angad campés en cercle. Mostefa, qui décidément est causeur, exception chez les Arabes, m'explique cette disposition des tentes qui permet une surveillance plus grande. Les troupeaux passent la nuit au centre et sont gardés par des *assés* (gardiens) qui veillent. Les voleurs et maraudeurs pullulent dans cette région, et les montagnes qui se prolongent jusqu'à la frontière marocaine sont fréquentées par des rôdeurs étrangers qui ne vivent guère que du produit des razzias qu'ils peuvent opérer. C'est ici chose admise, et chaque tribu possède un certain nombre d'hommes qui se sont fait ainsi une réputation d'audace et d'habileté. Les dissensions qui règnent sur la frontière servent de prétexte à ce genre d'opération, et ce qui s'appelle vol et est sévèrement réprimé par l'autorité française quelques kilomètres plus à l'est, est considéré comme acte très naturel chez les Hamyan par exemple.

En Afrique, comme partout, la morale varie suivant les degrés de latitude, et on m'a présenté des indigènes dont les hauts faits consistaient en vols de chameaux ou de moutons opérés à des distances énormes pour des piétons et avec une hardiesse étonnante.

L'assassinat d'un ennemi est même considéré comme chose naturelle, et la répression se borne souvent à l'application de la *dya*,[1] prix du sang payé en argent à la famille de la victime.

Mostefa, dont la faconde ne tarit guère, me fait ensuite un cours de hiérarchie arabe,[2] s'arrête tout à coup et descendant de cheval passe sa main sur sa bouche pour m'intimer l'ordre de me taire. Le geste, quoique je n'aie point prononcé une parole depuis une heure, est certainement à mon adresse. Je m'arrête surpris et regarde mon Arabe qui, ayant saisi son fusil et quitté ses sandales, s'avance courbé vers un but invisible. On m'a affirmé que je pouvais voyager en toute sécurité : ce n'est donc point un ennemi que poursuit Mostefa, mais probablement un gibier? Pendant ces réflexions, mon indigène s'est accroupi sur les talons et, visant lentement, fait feu. Après une détonation violente je distingue Mostefa courant dans un nuage de fumée, puis il revient toujours courant et me rapporte une outarde magnifique. Cet oiseau au plumage brun tacheté de blanc et de marron est un mets très recherché et dans les tribus on l'appelle *maklat*

(1) La dya existait en Europe au moyen âge. Elle se nommait *wergheld*, taxe de sauvegarde, chez les Francs.

(2) La hiérarchie arabe se compose du chef de tente qui, avec ses parents et ses khammès (travailleurs au 1/5e), représente assez bien le *pater familias* romain. Au-dessus de lui est placé le chef de douar, le cheikh (le vénérable), qui commande à plusieurs tentes. La réunion de plusieurs douars constitue la tribu, qui obéit au caïd (conducteur). Plusieurs tribus forment un aghalik sous les ordres d'un agha (nom d'une dignité militaire, d'un grade qui chez les Turcs équivaut à celui de chef de bataillon), qui lui-même peut être sous la direction d'un bach-agha (bach, en turc : tête) ou d'un khelifa (lieutenant), lequel autrefois obéissait à un émir (prince).

es soltane (le mets des sultans). Après cet incident et une marche d'un quart d'heure environ, nous arrivons à Kersouta.

L'oued est à sec, mais plusieurs redirs recueillent et conservent les eaux de pluie. Quelques-uns sont dans le lit de la rivière, qui coule du sud au nord ; les autres, placés au delà, suivent une direction ouest et sont resserrés dans un défilé formé par le djebel Kersouta. La végétation des environs se compose uniformément d'alfa ; mais, dans l'oued, les joncs *(semmar)* croissent en abondance et leur présence annonce une couche liquide souterraine. Des puits pleins d'une eau excellente confirment ce pronostic. Il y a là un approvisionnement pour une nombreuse expédition, et mon guide m'annonce que cette eau tarit rarement. Nos chevaux ayant bu, nous nous remettons en route. Selon la méthode arabe, nous allons au pas et nos animaux, qui marchent l'amble, font à cette allure sept à huit kilomètres par heure. Nous traversons le défilé, puis une longue plaine couverte de *hallal* (thym) et de *dzarrou* (sorte d'arbrisseau à feuilles de chêne). Des indigènes de la tribu des Angad font la cueillette de l'alfa *(stipa tenacissima)* et des convois de chameaux chargés de cette plante se dirigent vers Ras-el-Ma. Le pays respire le calme, sécurité factice et momentanée sans doute, mais dont profite le commerce, qui achète en grandes quantités les bottes qui vont s'emmagasiner à Oran. Le quintal se pâye ici de 2 francs à 3 fr. 50, selon la qualité.

Cette plante, qui pousse sans soins, sans culture, est une des richesses de la province. Elle fait vivre des milliers d'ouvriers et rémunère largement les propriétaires ou locataires de sols qui, par leur nature, ne peuvent guère donner d'autres productions.

La récolte cesse à partir de décembre pour recommencer en avril. Une famille espagnole (c'est la nationalité qui domine dans les chantiers) gagne facilement 10 francs par jour en cédant au propriétaire du chantier le produit de son travail.

Une grande association, la Société Franco-Algérienne, a obtenu une concession immense et a construit du côté de Saïda un chemin de fer [1] et des entrepôts sur les hauts plateaux ; mais plusieurs colons jouissent aussi du droit d'exploitation, et le cercle de Daya est couvert de chantiers appartenant à des habitants de Bel-Abbès. Les Espagnols qui habitent ces chantiers ne sont point l'élite de la péninsule et bien des assassinats commis lors de l'incursion des Trafi sont dus à des vengeances particulières. L'Espagne, qui a fait grand bruit et réclamé d'énormes indemnités, n'a point réfléchi qu'elle serait très embarrassée si le gouvernement français lui renvoyait ses

(1) Ce chemin de fer a transporté pour le compte de cette société, en 1880, 25.948.538 kilogr. d'alfa sec, et en 1881, malgré l'insurrection, 24.027.765 kilogr.

Cette plante, qui est expédiée surtout en Angleterre, est employée à faire de la papeterie, de la sparterie, de la corderie.

enfants, dont la majeure partie sort des *presidios*, et elle a oublié qu'elle nous devait des compensations à la suite des événements carlistes et de l'insurrection cubaine !

Quoi qu'il en soit, il est regrettable de ne point voir ici des ouvriers français et de constater que la région appelée « la mer d'alfa » est la patrie des étrangers. (1)

La voix monotone de Mostefa, qui chante à tue-tête les beautés de Fathma, qu'il compare à la lune, me rappelle à la réalité. La route s'engage dans un défilé formé par le djebel Tazza et le djebel Kersoula. Les montagnes sont boisées et les *kerrouch* (espèce de chêne nain) formeraient des buissons inextricables si les troupeaux ne dévoraient les jeunes pousses. Ces troupeaux vont vers le sud où, à trois kilomètres, se trouvent deux grands puits formant norias. A la sortie du défilé, nous retrouvons les mamelons et l'alfa et, après un parcours d'une heure environ, nous rencontrons les puits de Taerziza. Ces puits, situés dans une grande cuvette, sont fréquentés par les Hamyan de l'annexe d'El-Aricha. L'eau a un goût amer et, j'ai pu le constater, est très purgative. Cependant elle ne contient aucun toxique et le nombre de puits, qu'on peut augmenter encore, est assez considérable pour permettre à un millier d'hommes de séjourner pendant plusieurs jours. Mon mokrazni me désigne au sud-ouest de légers flocons de fumée. Il y a de ce côté un campement chez lequel nous allons demander l'hospitalité. Après le brouhaha inévitable que cause l'arrivée d'un étranger dans un douar et lorsque les chiens, chassés à coups de pierres, ont cessé leurs abois, j'apprends que je suis chez les Mraoulia (Merghaoulia), fraction des Hamyan-Djembaâ. Cette tribu des Hamyan-Djembaâ a diminué de moitié à la suite de la mise en demeure de ne point vagabonder dans l'ouest qui leur a été faite il y a quelques années ; les tentes hostiles sont restées au Maroc. Les relations n'en continuent pas moins et les fractions fidèles nous servent souvent d'intermédiaires avec les Marocains, dans les mille contestations qui s'élèvent à la frontière.

On s'empresse, on dresse une grande tente en poil de chameau *(kheïma-kebira)* dont le tissu est rayé alternativement de couleurs blanches, brunes et noires. Un café savoureux, servi dans des tasses microscopiques, est apporté sur un grand plateau de cuivre gravé ; mais comme il est onze heures, je pense à Brillat-Savarin, qui prétendait que la destinée des nations dépend de la façon dont elles se nourrissent, et je considère avec volupté la *diffa* (le repas, mot à mot :

(1) En 1896, le recensement faisait connaître qu'il y avait 318.000 Français, 158.000 Espagnols, 36.000 Italiens et un nombre considérable (les chiffres exacts nous échappent) de Maltais, Allemands, Russes, Belges, etc., formant un total d'un demi-million d'Européens, dont 211.580 étrangers. Ces chiffres sont éloquents et, malheureusement, le même fait se produit en Tunisie.

l'hospitalité) qui se prépare. C'est d'abord le *mechouï* (le mouton rôti entier), le *gachouch* (la poitrine), le *melfouf* (le foie coupé en petits morceaux entourés de la toilette, enfilés dans des bâtons et rôtis sur les charbons ardents), la *chorba* (soupe à la viande et aux œufs), les *tadjine* (ragoûts), le couscous, qu'on nomme aussi le *taham* (semoule de farine d'orge). Ce dernier plat, qui est le mets national arabe, se cuit à la vapeur du bouillon. Sa préparation est longue, les femmes passent leur temps à piler l'orge et à l'agglutiner en grains par une trituration manuelle à laquelle le taham doit sa couleur plus ou moins foncée. Lorsque cette couleur se rapproche du noir, ce plat prend le nom de *barboucha*.

« Dis-moi ce que tu manges, je te dirai qui tu es », disait aussi Brillat-Savarin, qui avait beaucoup voyagé.

Les chefs mettent un grand amour-propre dans l'offre de la diffa, et leur fortune ou la considération qu'ils vous témoignent peuvent être déterminées d'après la finesse des grains et la blancheur du couscous.

La diffa est apportée processionnellement. Chaque plat, tenu par un serviteur ou un ami, défile et est déposé devant moi. Le mechouï offre des tons roux séduisants dans la *guessaâ* (plat creusé dans un tronc d'arbre) sur laquelle il est couché. Les *kessera* (galettes de farine) sont chaudes et parfumées, et la vue d'une *dellaâ* (pastèque) complète l'ensemble d'un tableau dans le fond duquel se groupent les gens du douar, que la curiosité et le fumet des plats ont attirés.

Sur un mot de mon cavalier, chacun s'écarte, et à la déférence que montre le caïd je m'aperçois que les recommandations, dont je m'étais muni près des officiers des affaires indigènes et que je lui ai remises, ont fait leur effet. Décidément, l'autorité militaire est réelle dans le sud.

Mostefa, gravement assis sur un *oussada* (coussin), soutient le mouton dans lequel je coupe des tranches dorées, et je termine à onze heures un repas commencé à dix, ce qui ne fait pas moins d'honneur à mon hôte qu'à mon appétit. A peine enlevé, chaque plat passe de groupe en groupe et descend successivement les échelons sociaux du douar pour tomber sous la dent des quadrupèdes carnassiers qui se subdivisent eux-mêmes en *slougui* (lévrier) et *kelb* (chien).

Le mouton est, comme viande, la base de la diffa dans le sud algérien.

Il existe dans le sud oranais deux types principaux de la race ovine : 1° le mouton du sud algérien; 2° le mouton marocain.

Le mouton du sud est plus perfectionné que le mouton marocain; sa chair est plus délicate, sa toison plus fine. Les femelles atteignent une grande perfection au point de vue zootechnique.

Le poids de l'animal sur pied est d'environ 37 kilogr.; son rendement en viande est de 17 à 18 kilogr.

Le mouton marocain est de taille élevée, la tête est plus busquée, il a les cornes plus fortes et les membres plus gros. En un mot, il est plus rustique.

Son poids sur pied varie entre 40 et 44 kilogr.; son rendement en viande est de 20 à 22 kilogr.

Les toisons des deux espèces ont un poids moyen de 2k500 et fournissent annuellement à peu près le même poids de laine.

Cette laine est également vrillée. Celle du mouton marocain est plus grossière.

La maladie commune aux deux races est la gale. Elle sévit presque périodiquement à la suite des rigueurs et des privations de l'hiver, mais disparaît le plus souvent spontanément avec le retour du printemps et l'abondance de la nourriture.

La clavelée est très rare dans le sud.

Lorsque les troupeaux souffrent du froid et de la misère, ils sont atteints du *riah* (pneumonie).

Au printemps, les troupeaux sont envoyés pendant une quinzaine de jours dans les chotts, où ils trouvent l'eau et les pâturages salés qui sont nécessaires à leur hygiène.

Le thermomètre marque 32° centigrades.

Le caïd m'invite au repos. Étendu sur des *frachet* (tapis à longue laine), je m'assoupis au milieu du silence du désert.

Un bruit de voix confuses et de ferraille secoue ma torpeur. Il est quatre heures du soir. C'est un cavalier qui vient d'El-Aricha. Il apporte des nouvelles de la guerre et des amis. On l'entoure. Il a causé avec les gens du bureau arabe! *(ness m'ta el bireau)* — il est bien informé! — Les Harrar demandent l'*aman* (le pardon); ils vont revenir et seront rapatriés en passant par le territoire de la tribu. Tout cela et mille autres choses sont dites rapidement sans descendre de cheval. Le cavalier est un Bekakra; il va à Daya et couchera ce soir à Ras-el-Ma. L'échange de nouvelles terminé, il repart au milieu des *roh bel afia!* (va avec la paix!), et chacun retourne à sa tente, où il communique aux siens ce qu'il a appris.

La nuit descend et enveloppe successivement chaque plan du terrain. Les aboiements des chiens redoublent. Ma tente est envahie par une seconde diffa, mais je suis moins brillant, au grand contentement du *rachi* (la foule) qui m'entoure. Je préfère causer avec le caïd, qui m'apprend que les douars des environs appartiennent aux Oulad-Farès, Megane, Riatra, Mraoulia. Ces fractions des Hamyan-Djembaâ passent l'été dans les chotts et, l'hiver, descendent au loin dans le sud vers Tismouline, Feretis, Touadjeur, Mecheria. Ils vont même jusqu'aux ksours d'Asla et de Chellala. Ce sont les véritables *Arabes de tentes*. Hardis cavaliers, adroits tireurs, ils chassent la *rozal* (prononcez *rzel :* gazelle) et l'*aroui* (mouflon). Ils poursuivent l'*ouach* (antilope bubale) et le *nemeur* (panthère), qu'ils rencontrent dans le Sidi-el-Habed (le seigneur solitaire), montagne rocheuse à la frontière du Maroc. Les fauves abondaient autrefois dans le nord de l'Afrique. Hérodote dit : *Leonum arida nutrix*. Pline nous apprend que Pompée fit apparaître d'un seul coup 600 lions venus d'Afrique, et César 400 ; qu'Auguste transporta 420 panthères, Pompée 400 et Scaurus 150. L'exagération est probable, mais enfin Hérodote et Pline parlent de girafes, d'éléphants, de rhinocéros, de crocodiles qu'on ne rencontre plus aujourd'hui, mais qui sont représentés sur des sculptures anciennes retrouvées en Algérie.

Les femmes des Hamyan tissent les *flidjs* des tentes (bandes d'étoffe) et les burnous ; les hommes échangent la laine des moutons contre l'orge que leurs chameaux vont chercher à Tlemcen, Bel-Abbès, Tiaret.

Le lendemain, à cinq heures, je monte à cheval. On m'indique la direction. Le point vers lequel je dois me diriger à travers l'alfa, c'est l'arête vive qui termine le djebel El-Kebraïa Cependant, j'appuie vers le nord et après avoir coupé la route j'aperçois le marabout de Sidi Yahia (seigneur Jean) à mi-côte du djebel Mikaïdou et dominant une coupure dans laquelle je vois redirs et puits. Comme partout en cette saison, les redirs sont à sec, mais les puits profonds conservent une eau très bonne. Comme à Taerziza, qui se trouve à environ quinze kilomètres, la quantité est suffisante pour une forte colonne de troupes. Sans faire d'arrêt, je rejoins le djebel Kerbaïa, au pied duquel sont d'autres puits.

J'estime à trente-cinq kilomètres la distance entre Taerziza et El-Aricha. Sidi-Yahia est au premier tiers ; mais, pour s'y rendre, il faut quitter la route et appuyer au nord-ouest ; Kerbaïa est au second tiers et on peut diminuer la distance en coupant à travers l'alfa, ce qui est à considérer pour une colonne militaire qui, marchant en carré, ne peut avoir la prétention de suivre une route de quatre ou cinq mètres de largeur. A partir de ce point, je prends la piste ordinaire, laissant au sud les campements des Bekakra et des Oulad-Sfour (Hamyan), dont les tentes font de larges taches brunes au milieu des teintes vertes de la plaine.

Au nord, les contreforts du djebel Mikaïdou (altitude 1,470^{m}), légèrement boisés, s'écartent et El-Aricha apparaît au milieu d'une plaine sablonneuse et dénudée.

El-Aricha (d'*el-arich* tamarin) se compose d'un bordj entouré d'un fossé large de trois mètres et profond de deux.

La garnison ordinaire comprend une compagnie ou une section du 1er bataillon d'Afrique. Génie, vivres, hôpital, bureau arabe, tout

est renfermé dans le fort. Une rue formée par une demi-douzaine de maisons habitées par des mercantis juifs représente le village. Aux environs rien, rien, pas un pouce de culture. (1)

Près du bordj, à l'est, les *silos* (trous dans lesquels on conserve l'orge) des Hamyane, à l'ouest le terrain de campement des convois, au sud la mer d'alfa et au nord l'oued, le village, le cimetière et le camp de la colonne du colonel de Pétray, composée d'un bataillon du 2e régiment de zouaves, un bataillon du 86e de ligne, de chasseurs à cheval du 2e régiment et d'une section d'artillerie; une autre colonne légère est à Sebdou.

Dans le bas-fond où court l'oued, sont creusés les puits qui fournissent l'eau abondamment à la troupe et aux habitants.

A quelques kilomètres, les montagnes de la frontière marocaine se découpent vigoureusement sur l'azur du ciel. C'est l'administration militaire de l'annexe d'El-Aricha (cercle de Sebdou) qui dirige les deux puissantes tribus hamyane, les Djembaâ et les Chaâfa.

C'est au nord et au sud de ce point que passera l'invasion arabe dont est menacée la province d'Oran; El-Aricha est la sentinelle avancée chargée de prévenir les autres postes. Dans le sud-ouest de la colonie, c'est le dernier bordj où on parle français.

Une excursion au sud des chotts

« Les fils des ânes sont menés à coups de pieds; ceux des princes à coups de sabre. »

(Proverbe arabe.)

L'automne avec ses nuits glaciales a rafraîchi l'atmosphère, les orages ont rempli les redirs, Si Sliman est au Maroc, Si Hamza au pays des nègres, Bou Amama au delà du Tafilalet; les tribus nomades sont descendues dans le sud avec leurs troupeaux.

Recommandé chaudement aux officiers du génie et aux ingénieurs de la Compagnie Franco-Algérienne qui construisent la voie ferrée de Sfid au Kheïder, j'entreprends une nouvelle course dont l'objectif est le pays qui s'étend au delà des chotts.

Cette fois, j'arrive rapidement au Kheïder, où je trouve une animation considérable: troupes, Arabes, convois se succèdent.

Les indigènes regardent effarés les locomotives qui soufflent au milieu du désert. Ils ont déjà donné un nom au chemin de fer, qu'ils appellent *trik en nar* (la route de feu). Je ne raconterai pas l'inauguration, à laquelle a assisté le général Delebecque, qui commande

(1) *Mare saltum importuosum; ager frugum fertilis, bonus pecori, arbori infecundus coelo terraque penuria aquarum.* (SALLUSTE.)

la division d'Oran, et ne parlerai pas des discours prononcés par les autorités : tous les journaux en ont donné le détail. Je suis venu pour voir le désert où, pendant les trois premiers mois de l'insurrection, ont opéré les colonnes Innocenti et Mallaret, et je pars.

Je laisse au sud la traverse qui conduit à travers les *deb deb* (tas de sable) à Bir-el-Amra (le puits rouge), où il y a des puits nombreux. C'est le chemin d'Aïn-Fekarine, c'est par là que sont revenues les deux colonnes de Géryville et de Daya, commandées après leur jonction par le général Detrie. J'appuie à l'est, et longeant la rive septentrionale du chott, je me dirige vers Menizla.

La longueur du chemin varie avec la saison. Lorsqu'on peut traverser obliquement le chott, on parvient en trois heures, au pas du cheval, aux puits qui sont creusés près de la rive méridionale ; mais, lorsque les pluies ont délayé et rendu mobile le sable imperceptible qui forme le sol, il faut appuyer à l'est considérablement dans la direction de Bedrous (la montagne entourée de mamelons) et parcourir un demi-cercle. La longueur de la route est triplée et ce trajet est fatigant pour les colonnes, dont la vitesse, ralentie par le convoi, ne dépasse pas trois ou quatre kilomètres par heure.

Grâce à la sécheresse, je traverse le chott et suis rapidement auprès de l'*oglat* (réunion de puits) de Menizla (le lieu plat). L'eau, qui filtre à travers la magnésie, très abondante dans les sables, en conserve les propriétés laxatives ; cependant, elle est potable, et c'est en cet endroit que campait la colonne Mallaret lorsque le colonel fut informé de l'engagement qui avait eu lieu à El-Beïda, près de Sfid, entre les éclaireurs du goum des Beni-Mathar, qui devançaient ses troupes, et les Trafi dissidents.

Mon guide est un Djafra du territoire de Saïda, mais nos divisions administratives intéressent peu les indigènes, et c'est avec orgueil que ce cavalier me raconte l'épisode dans lequel les Djafra-ben-Djaffeur, du cercle de Daya, ont eu six tués et six ou sept blessés sur dix-huit hommes engagés :

« La colonne de Daya, ayant appris que Bou Amama, après avoir razzié les Harrar-Gharaba, de Frendah, se dirigeait vers l'est entraînant femmes, enfants et troupeaux, remonta précipitamment de Tismouline sur le Kheïder, lorsqu'arrivée à Menizla elle s'arrêta, probablement par suite d'un ordre venu d'Oran.

« La présence de l'ennemi dans les environs était certaine, mais la position exacte qu'il occupait et la direction qu'il suivait lui étaient inconnues !

« L'officier des affaires indigènes attaché à la colonne donna, en conséquence, ordre à vingt cavaliers du goum de battre l'estrade jusqu'à ce qu'ils aient pris le contact avec les révoltés. Le caïd Abdallah ben Tabet, dont le sang-froid était connu, fut chargé de cette mission et choisit ses hommes, dont la plupart appartenaient à la tribu des Djafra-ben-Djaffeur qu'il commandait. A dix heures du matin, le 11 juin, la petite troupe se mit en marche. Elle arriva au Kheïder sans rencontrer rien de suspect; mais en continuant vers le nord, les indices abondèrent, et pendant que deux cavaliers détachés en avant pénétraient jusqu'à Khalfalla, dont ils trouvaient la gare en feu, les dix-huit goumiers restants rencontrèrent une bande de Trafi bien supérieure comme nombre. Les deux troupes s'arrêtèrent face à face.

« — Qui êtes-vous? demandèrent les Djafra, saisissant leurs armes.

« — Nous sommes Trafi; et vous? répliquèrent les insurgés.

« — Nous sommes Djafra-ben-Djaffeur!

« — Eh bien! nous vous cherchons et nous allons vous conduire « à Sidi Bou Amama. Marchez devant!

« — Nous prends-tu pour des chiens? » dit un vieux Djafra; et, faisant feu, il étendit roide mort le cavalier ennemi qui parlait.

« Ce fut un instant de désordre. De tous côtés les coups de feu éclatèrent, les chevaux bondirent, et le couteau acheva l'œuvre de destruction.

« Un moment après, la place était vide, et ce furent les marabouts du ksar de Sidi-Khelifat qui vinrent relever les blessés et les transportèrent au village, où ils furent pansés et soignés par eux. C'est dans ce ksar que la colonne les retrouva et qu'expira, malgré les soins du médecin-major de la légion, M. Chaumont, le caïd Abdallah ben Tabet, grièvement atteint au ventre et à la cuisse. »

Cette histoire m'est racontée sobrement, rapidement. Je sens que la scène a duré à peine quelques minutes. Peut-être mon conteur est-il parent d'un des acteurs? Son œil brillant, le sang qui se porte à son visage et le rend plus foncé, sa parole brève, son geste saccadé et contenu indiquent un désir de vengeance qui m'empêchent de lui adresser aucune autre question. Cet homme a profondément senti l'injure faite à sa tribu et la vengera à la première occasion.

Nous sommes sur le territoire des Rezaïna, qui, repoussés du Tell par la colonisation et du sud par l'insurrection, ont fait défection. Ces immenses plaines de metennan, d'hallal, d'alfa étaient leur domaine, leur terrain de parcours.

Je demande la diffa et l'alfa (la nourriture et le gîte), dans une tente des Hamyane-Djembaâ.

On m'annonce que les troupeaux de la tribu sont à Bir-Senia, Fekarine, El-Biod et qu'aucune nouvelle alarmante, aucun ordre leur disant de se replier ne leur est parvenu. Le pays est donc sûr et demain je continuerai ma route vers le sud. Je m'étends, admirant mon hôte, un berger, qui, malgré sa pauvreté, a refusé l'argent que je lui offrais pour son couscous et sa tente, et s'est contenté du prix fixé par mon guide pour le mouton qu'il nous a cédé. Hospitalité de la tente pleine d'embûches, mais offerte et acceptée *Bism'Allah!* (au nom de Dieu!). Il suffit à ces gens-là qu'un hôte se présente devant la demeure en criant: *Dif Allah!* (un hôte de Dieu!) pour qu'il ait sa part au repas de la famille, et si pauvre que soit le voyageur, si dépenaillé que soit son costume, chaque fois que la *setla* (vase en fer) contenant l'eau a quitté ses lèvres chacun s'écrie : *Saha!* (à ta santé!) et l'inconnu répond : *Allah isselemek!* (que Dieu te sauve!). Ce sont les mœurs du désert.

Après un repas peu varié mais copieux, pendant lequel j'ai répondu par un nombre infini d'*El hamdou Allah!* (louanges à Dieu!) aux éructations de mon hôte, que j'ai invité à partager mon *mechoui* (rôti) et qui m'a ainsi témoigné sa satisfaction, je me prépare à passer la nuit sur la mince natte qu'il m'a cédée.

Mes burnous, fort heureusement, me permettent de braver impunément les variations de température, et l'expérience acquise dans mes précédents voyages m'a appris à préférer le sol aux tapis moelleux, mais trop habités, des pays du soleil.

Au point du jour, les beuglements du troupeau de chameaux qui s'éloigne m'annoncent qu'il est temps de partir. Je me lève tout frissonnant et me mets en selle suivi par mon Djafra. Nous nous lançons dans le sud, après avoir gratifié nos hôtes du *Allah iennik!* (que Dieu t'accorde la tranquillité!) de rigueur.

Au départ, nous gravissons une pente assez forte pendant l'espace d'un kilomètre; mais, après la dépression produite par le chott, nous retrouvons la plaine qui va, me dit le guide, jusqu'au Sahara, et pendant quelques minutes les sabots de nos chevaux écrasent un vol de sauterelles encore engourdies par la fraîcheur de la nuit.

Les voies herbues formées par les oueds succèdent aux petites buttes d'alfa, et c'est après trois heures de marche que nous rencontrons les redirs de l'oued Djilali. A ce point, le terrain change, les côtes s'accentuent, et obliquant au sud-est, nous traversons un col qui doit nous conduire à Haci-el-Hadri (le puits du revendeur). Après deux heures de marche au milieu de vallées profondes, nous constatons que les puits trouvés, par la colonne de Daya, comblés et empoisonnés par des charognes, n'ont point été déblayés.

La carte du dépôt de la guerre (échelle 1/800.000ᵉ, 1876) n'offre pas la moindre indication aquatique, et c'est avec un ton désespéré que je consulte mon cavalier qui, penché sur son cheval, considère gravement mon manège. Sans discuter mon argumentation, il comprend que j'ai soif et me dit brièvement : *Erkeb!* (monte à cheval!)

Entendre c'est obéir, et je m'empresse de le suivre. Nous nous dirigeons vers l'ouest par un col assez raide et il m'annonce que nous trouverons de l'eau dans les redirs [1] de l'oued Rhalem (la rivière du mouton). En effet, de l'autre côté, au pied du col, une sorte de cuvette très étroite mais longue de plusieurs kilomètres nous offre une eau qui, sans être limpide, me paraît exquise. C'est l'oued annoncé.

Des troupeaux de chameaux sont épars dans la vallée de l'oued Rhalem; mon Djafra me fait une énumération des divers noms que prennent ces animaux [2] suivant leur âge, leur sexe, leur nombre, et tout en marchant vers le sud, j'apprends qu'on nomme le chameau *hamar* à six mois; *makloul* de six mois à deux ans; *moula-guethaâ* (qui a été tondu) et *ben-lehboun* (qui désire teter) à trois ans; *ellahengue* (qui peut porter) à quatre ans; *djedaâ* à cinq ans; *djemel* le mâle et *naga* la femelle à six ans; *chaour-gorh* (qui décline) de dix à quinze ans; *agab-gorh* (usé) à quinze ans et au-dessus. On appelle aussi *el fael* l'étalon; *marhoul* celui qui porte et voyage; *ibel* le troupeau de chameaux; *chouaïl* le troupeau de chamelles ayant des petits; *ochra* la chamelle pleine; *ibel el afa* le troupeau de reproduction; *djerada* le troupeau composé de tous les animaux qui ne travaillent pas.

Cet aperçu donne une idée de la richesse de la langue arabe, dans laquelle la datte a près de cent noms, dont *temar* (ordinaire), *degla* (écrasée), *amera* (rouge et petite), *tineout* (énorme et verte) sont les principaux. Cette explication savante vient à la suite de l'absorption d'une écuellée de lait, qui se nomme lui-même *halib* lorsqu'il est frais et *leben* lorsqu'il est aigre, offre généreuse d'un berger qui nous a donné aussi une poignée de dattes sèches et dures, mais d'un goût excellent, et offert un abri dans sa tente en poil de chameau.

Le chameau, qui compose la fortune des gens du sud, leur rend les services les plus grands; non seulement il leur sert de véhicule pour transporter leurs tentes, leurs grains, mais vivant il leur donne la laine, le lait, et mort, la chair, le cuir. Partout il trouve sa pâture, et sa sobriété est égale à sa patience. Lorsque les herbes sont vertes, au printemps, le chameau peut rester huit et dix jours sans boire. On conçoit combien cette faculté le rend précieux dans un pays où l'eau est à l'état d'exception. Son état sanitaire se constate en examinant sa bosse, qui est grosse, proéminente lorsqu'il est en bonne santé, et diminue lorsqu'il est malade.

(1) Redir vient de *roddar*, traître; *redeur*, trahir. On donne ce nom aux dépressions dans lesquelles séjourne l'eau, parce que souvent on en trouve à sec, soit parce que le vent du sud a soufflé, soit parce qu'un troupeau nombreux y a bu la mare dans laquelle on espérait se désaltérer.

(2) Voir : *Rôle militaire du chameau en Algérie et en Tunisie*, dans le n° 23 de la *Revue Tunisienne*, avril 1899, p. 139.

Il vit environ trente ans; ses maladies principales sont : *el djeurb*, la gale, qu'on guérit en frottant l'endroit atteint avec le goudron liquide extrait du genévrier; *el kodda*, coliques par suite d'absorption d'eaux malsaines ou de refroidissement; *el nehasa*, sorte de pleurésie; *el djedri*, maladie analogue au *horse-pox* du cheval et à la petite vérole de l'homme. En été, on ne mène les chameaux au pâturage que lorsque la rosée a disparu sous l'action du soleil; si on n'observe pas cette précaution, il maigrit, dépérit et meurt.

Les piqûres du *debab*, grosse mouche très avide de sang, les font aussi mourir lentement. Lorsque ces mouches sont à craindre à cause de leur nombre, les Arabes réunissent les chameaux par groupes, afin de leur permettre de chasser ces diptères en se frottant les uns contre les autres.

Le prix du chameau adulte varie de 80 à 120 francs.

Cet animal a une conformation particulière de la mâchoire. Il n'a pas d'incisives au maxillaire supérieur et en a six en bas (deux pinces, deux mitoyennes, deux coins). Il a six crochets, quatre en haut, deux en bas, et douze molaires, six en haut, six en bas.

Tous les ans, il fournit une toison pouvant faire deux des cordes (*oubar*) avec lesquelles les indigènes s'entourent la tête. La valeur moyenne de chaque corde est de 10 francs.

Le chameau porte en moyenne 150 kilogrammes, et nos colonnes l'emploient pour transporter orge et biscuits, tentes, etc.

Selon M. L. Fuchs, l'introduction ou l'apparition du chameau au VIe siècle et la disparition de l'éléphant au VIIe siècle sont des preuves du changement de climat ayant amené la sécheresse du nord de l'Afrique et de l'Asie Mineure. Avant cette époque, le chameau était peu commun et peu connu, car Hérodote et Xénophon attribuent la victoire remportée à Sardes par Cyrus sur le roi de Lydie, à la présence de chameaux dans l'armée persane. Procope, au VIe siècle, signale l'impression de terreur ressentie par la cavalerie ennemie à la vue des chameaux qui figuraient dans l'armée des Maures.

Le redir de l'oued Rhalem, près duquel nous sommes campés, offre une quantité d'eau suffisante pour un millier d'hommes. Ce n'est point de l'eau clarifiée, mais en précipitant les détritus qu'elle contient au moyen d'un morceau ou d'une pincée d'alun jeté dans le récipient, je la déclare très buvable. Mon cavalier considère avec stupéfaction le résultat de cette opération infaillible, que je recommande à tous les voyageurs.

Nous avons marché pendant six heures depuis que nous avons quitté Menizla : c'est une moyenne que je me suis fixée, et nous nous arrêtons en cet endroit dont je parcours à pied les environs. La nuit s'éclaire aux flammes de feux de hallal et de metennan qui, avec les excréments des chameaux séchés au soleil et soigneusement recueillis par les femmes, composent tout le combustible du Sahara.

Le lendemain (7° centigrades), je dirige mon cheval vers Ouaeb (le lieu dangereux). Cet endroit, de sinistre réputation, est mouvementé et propre aux embuscades; des redirs permettent de s'y arrêter. C'est ici qu'est venue camper la colonne Mallaret lorsqu'elle fut avertie que Bou Amama allait tenter de passer au Kheïder.

Je continue mon trajet, et deux heures après suis à Tismouline, où je découvre marais, redirs, puits contenant de l'eau en abondance.

Il a été question de fonder un poste définitif à Tismouline, dont le nom est dû au tombeau d'une femme maraboute qu'entoure un cimetière. Ce projet sera repris un jour sans nul doute. Tismouline est le point intermédiaire entre Géryville et Mecheria.

C'est par Tismouline et le chemin que j'ai suivi que passent les caravanes qui vont aux ksour de Chellala (l'endroit où l'on travaille l'argent). Ces villages, construits au milieu de chaînes de montagnes qui, suivant une direction nord-est à partir de Géryville, fuient vers le sud-ouest, sont distingués par les adjectifs de Gueblia (du sud), Dahrania (du nord), et habités par une population marchande qui approvisionne de denrées et d'étoffes les tribus du désert. C'est avant d'y arriver, à Tezina (le bel endroit), qu'eut lieu le combat entre les troupes du colonel Innocenti et les contingents de Bou Amama qui, fanatisés par le marabout, eurent l'audace de commencer l'attaque.

Je ne rechercherai pas à qui incombe le désordre qui se produisit à la queue de la colonne, désordre à la faveur duquel l'ennemi put pénétrer dans le convoi et massacrer le sous-lieutenant Laneyrie et le peloton du 4e chasseurs d'Afrique qu'il commandait. Mais je constate que la responsabilité a pesé durement en cette occasion sur le commandant en chef, qui, préoccupé de l'attaque de front des Traïi, ne pouvait prévoir que ses subordonnés dégarniraient les flancs du convoi pour se porter en avant sans son ordre. La colonne se composait de bataillons de zouaves, tirailleurs, légion étrangère, artillerie et chasseurs à cheval.

C'est à Tismouline que passent aussi les troupeaux et voyageurs qui se rendent à Asla, aux ksour des Arbaouat, à Géryville, par Aïn-el-Orak (la fontaine de la dispute), enfin à El-Abiod, Sidi-Cheikh, où le colonel de Négrier a détruit le tombeau du marabout vénéré par la secte des Oulad-Sidi-Cheikh.

Si Kaddour ben Hamza, le chef des tribus algériennes de ce nom, et Sliman ben Kaddour, chef des tribus du sud marocain, sont vindicatifs comme tous les Arabes et n'oublieront pas l'outrage fait à leur ancêtre, et sans nul doute la destruction de la koubba sera plus tard un motif de représailles. Cet acte inutile n'a pas vengé la profanation du tombeau du lieutenant Laneyrie, puisque les restes du marabout ont été transportés en grande pompe à Géryville, et il nous a assimilés aux tribus que nous avons la prétention de civiliser et que nous combattons aujourd'hui.

Du reste, la légende s'est déjà emparée du fait et on raconte dans les tribus que les roumis ont en leur possession les os du marabout, mais que la tête a disparu, signe certain de la puissance du Prophète, qui n'a pas voulu qu'un infidèle fût possesseur de cette relique vénérée ! (1)

Pendant que mon guide me raconte toutes ces choses, plusieurs cavaliers sont arrivés de l'ouest. Comme des fourmis à l'approche de l'ennemi, tous les habitants des douars s'agitent et causent avec animation. Mon impassible guide lui-même, qui tout à l'heure buvait la fumée de sa cigarette (*chrob ed dokran*), semble envahi par un besoin de mouvement. Il sort et rentre plusieurs fois dans la tente ! Enfin, s'approchant de moi, il m'annonce à voix basse que l'empereur de l'ouest (*sultan El-Garb*) envoie une armée contre Sliman ben Kaddour, que l'amel (le préfet) d'Oudjda lève des contingents, que les Harrar qui ont demandé l'*aman* (le pardon) sont revenus en Algérie après avoir été pillés par Sliman et sa famille, que les Rzaïna ont imploré la clémence du général Colonieu à Mecheria ; enfin, nouvelle plus grave, les trois chefs des dissidents prépareraient une invasion générale, et Sliman particulièrement aurait pour objectif le djebel Antar et les plaines que je parcours. Son intention, avant de descendre dans le sud, où il a mis en sûreté ses femmes et ses tentes, serait de tenter un coup de main sur les troupeaux des Hamyane, des Angad et des Beni-Matbar. Cette dernière nouvelle est la seule officielle ; ce sont les caïds qui préviennent.

Ce serait une imprudence de descendre plus au sud ; le pays est parcouru, m'assure-t-on, par les Amours révoltés dont les campements sont à Figuig. Je décide donc que nous remonterons vers le nord, et ce n'est point sans regret que j'abandonne, vingt-quatre heures après, à Menizla, les cavaliers arabes auxquels le chef de douar a donné l'ordre de m'accompagner et qui ont juré *ou rassi ou rassek* (par ma tête et par la tienne) de me protéger.

Octobre 1881.

(1) La tête de Sidi Cheikh était depuis longtemps enterrée à Figuig. Quant aux ossements transportés à Géryville, ils sont restés pendant plusieurs mois chez le lieutenant-colonel Fossoyeux, commandant supérieur.

Une excursion sur les hauts plateaux (Est)

« Si tu es piquet, patiente; lorsque tu seras maillet, frappe. »
(*Proverbe arabe.*)

Oran est désert. Les troupes de passage, bataillons de ligne venus de France et destinés à former des groupes, sous le commandement de lieutenants-colonels, arrivent fatiguées par la traversée, ahuries par l'inconnu! Les officiers que je connaissais sont en Tunisie ou dans le sud. Où est la pension des capitaines du 2e de zouaves, si gaie autrefois, à l'*Hôtel de la Paix*? Où sont les officiers du 2e chasseurs d'Afrique, dont le Cercle aurait pu être orné d'une statue de l'Hospitalité, avec le proverbe arabe: *I'da ma takoulch, ouekkel!* (si tu ne manges pas, fais manger!) et tant d'autres?

Les nouvelles les plus diverses sont mises en circulation. Si Sliman, qui devait attaquer nos tribus, a changé d'avis et descend dans le sud; les trois colonnes de Géryville, Mecheria, El-Aricha, qui devaient aller à Figuig et à Oued-Guir, iront seulement jusqu'aux Ksour pour donner satisfaction à l'opinion publique. Les autres colonnes resteront en observation à la frontière marocaine et à la limite du Tell. L'expédition tunisienne, avec ses complications, est sans doute le motif pour lequel on n'agit pas vigoureusement de ce côté. C'est reculer pour mieux sauter, car la frontière marocaine, qui était déjà moins sûre que la frontière tunisienne, nécessitera désormais une surveillance active qui aboutira forcément à une expédition. Les Beni-Guil, les Oulad-Djerir, les Douï-Menia sont des tribus guerrières et remuantes sur lesquelles le sultan du Maroc n'a qu'une autorité nominative.

Dans le désert, quelques tribus ne vivent absolument que du produit de leurs razzias, les Chamba-er-Rîh (souffle du vent) par exemple et les Touareg. Chez ces derniers, l'esprit guerrier est si développé qu'un Targui qui revient du combat sans bouclier est déshonoré.

Quant aux Hamyane-Djembaâ ou Chafa, si quelques-uns nous sont restés fidèles, il y a aussi onze fractions qui, en totalité ou en partie, ont fait défection et sont maintenant nos ennemies. Il y a quinze jours, c'était à l'ouest qu'était le danger; aujourd'hui, il paraît s'éloigner avec Si Sliman, dont la politique à double face laisse subsister plus d'un doute.

Un ancien Algérien, le maréchal Bugeaud, je crois, a dit qu'il ne fallait point en diplomatie employer la ruse avec les Arabes, dont l'impassibilité et la finesse lasseront toujours les négociateurs! Il a été depuis parfaitement démontré qu'il avait raison, et je pense que cela est toujours vrai. Un traité avec des ennemis dont la mauvaise foi est connue, c'est tout simplement de la fantasia! Fasse le Ciel qu'elle soit inoffensive et que nos colons et nos soldats ne payent pas avec leur sang les bavardages de nos diplomates !

Décidé à retourner dans le sud, je quitte Oran. Mon itinéraire n'est point fixé; je visiterai les hauts plateaux de l'est de la province. Mon point de départ est Bel-Abbès, Daya, puis Ras-el-Ma, où je retrouve la colonne Duchesne. Chacun dans cette colonne, sauf le 17e et le 64e de ligne, nouvellement arrivés de France, s'apprête à partir. Les chasseurs d'Afrique vont rejoindre la colonne d'El-Aricha, la légion étrangère et l'artillerie ont ordre de se rendre au Kheïder, et de là à Mecheria. Il y a six mois que ces troupes ont quitté le Tell et c'est pourtant avec joie qu'elles repartent dans le sud, espérant qu'elles ne resteront point dans un poste d'observation. Raconter cela, c'est le meilleur éloge qu'on puisse leur décerner.

Je ne m'arrêterai pas, mon intention étant de passer la nuit à douze kilomètres environ plus à l'est, au pied du djebel Beguira (1) (la montagne de la vache). La température (23°) me permet de marcher rapidement sans fatiguer ma monture, et une heure et demie après, je suis installé dans un chantier, près de Feïd-el-Guifoul (le ravin des caravanes). Pour y arriver, j'ai suivi la vallée dans laquelle sourd la Mekerra ; cette vallée, pendant plusieurs lieues, conserve son nom de Ras-el-Ma. Sa largeur, qui varie seulement de 500 à 1.000 mètres, en fait une véritable route.

Son sol uni ne présente aucun obstacle à des voitures et à l'artillerie, qui passent sans efforts. La montagne offre dans la partie ouest une apparence trapézoïdale et, après un abaissement de niveau très prononcé, se relève en piton. Je ne puis mieux décrire ce dernier mouvement de terrain qu'en le comparant à un sein. Il se voit au delà du chott Chergui ; on l'aperçoit aussi d'El-Aricha, de Daya, de Sebdou et de mille autres lieux. Il sert de point de direction aux indigènes qui, dans cette région, connaissent tous le djebel Beguira ou Benyta, dont l'altitude est de 1.402 mètres.

Les chantiers sont en pleine activité, et sous la protection de nos colonnes, accumulent l'alfa, que les charrettes emportent. Actuellement, la main-d'œuvre est fournie par les indigènes Oulad-Balagh, Beni-Mathar et Djafra, mais de tous côtés reparaissent les Espagnols, dont les femmes bavardent assises sur de petits ânes coquettement harnachés avec des pompons bariolés. Il y a, sous un rayon de dix lieues, pour plus d'un million d'alfa. Ces chantiers, outre les représentants des propriétaires qui les habitent, sont protégés par

(1) En 1883, un poste optique a été construit sur cette montagne. Ce poste correspond avec Mecheria (djebel Anter), le Kheïder, El-Aricha (le Mikaïdou) et est relié à Bedeau (Ras-el-Ma) par un télégraphe ordinaire qui se rattache à celui du chemin de fer Ouest-Algérien.

des *assès* (gardes indigènes) désignés par le bureau arabe, et par des patrouilles de cavalerie envoyées tous les jours de Ras-el-Ma et Marhoum.

A Feïd-el-Guifoul sont de grands redirs profonds que je longe le lendemain avant de traverser un petit bois taillis peu épais, mais situé sur un terrain accidenté et rocailleux. Ce bois, composé d'essences de *karrouch* (chêne nain), *taga* (chêne ordinaire), se nomme Nader-er-Rabah (la meule boisée) et le terrain dénudé qui le précède Nader-el-Agra (la meule chauve). Du haut de ce mamelon on voit le *redjem* (tas de pierres) qui indique la route et précède le Teniet-el-Hamyem, par lequel on pénètre dans la vallée de l'oued El-Hammam.

Je traverse une dépression qui reçoit les eaux allant vers l'oued Messoulen et j'aperçois, à quatre kilomètres à l'ouest, le djebel Timezirine (nom d'une plante arborescente). Cette montagne fait, avec le djebel Beguira, partie du massif qui sert de ligne de partage entre les eaux qui descendent au chott Chergui et celles qui coulent vers la Méditerranée. Un puits est creusé près du chantier d'alfa, situé à l'est de la montagne. En deux heures, j'arrive à Bedjeloud (l'endroit où on trouve des peaux), où est établi un autre grand chantier abandonné. J'ai quitté le territoire des Oulad-Balagh et suis sur celui des Oulad-Amran, fraction des Beni-Mathar. Ce chantier, placé sur la rive droite de l'oued El-Hammam, s'alimente d'eau dans deux redirs que les orages remplissent. C'est la vallée de l'oued que j'ai suivie pour revenir de Djarf-el-Ghorab ; je ne m'y arrête pas et, appuyant à l'est, je m'engage dans le Feïd-Ahmed (ravin d'Ahmed), que j'abandonne, après une heure de marche dans une plaine d'alfa, pour tomber dans le lit de l'oued Ktaïma. Cette rivière, à sec comme l'oued El-Hammam, s'appelle successivement, en descendant vers le chott, l'oued Rouissat, l'oued Dahef, l'oued Hadjara. Elle forme à sa source des cuvettes successives, qu'on désigne par les noms de Djaffa-el-Foukanïa (la cuvette d'en haut) et Djaffa-et-Tahtania (la cuvette d'en bas). De profonds redirs ont permis à la colonne Duchesne, revenant de poursuivre les Rezaïna, de s'y arrêter pendant plusieurs jours.

De ce point, qui est à environ vingt-huit kilomètres de Chaïb, on est merveilleusement placé pour surveiller le pays. Le djebel Messied (le bâton courbé), au pied duquel commence l'oued, est une véritable vigie d'où on aperçoit les plaines qui s'étendent entre El-Hammam, le chott et Marhoum. C'est sur cette hauteur que les Beni-Mathar placent leurs vedettes en cas de danger, pendant que les douars se réfugient dans les forêts de Daya.

L'oued Ktaïma est rempli d'herbages, de *gertila*, de *chéca*, de *barmel*, sorte de thym que les indigènes emploient comme remède contre les maux de tête, soit en le buvant comme infusion, soit en l'appliquant, mélangé avec du henné, sur la partie malade. C'est entre le Feid-Ahmed et les Djaffa que les Rezaïna, qui faisaient défection, ont opéré, en fuyant, une razzia de quatre-vingts chameaux appartenant aux Beni-Mathar. Informé le soir même, le fils de l'agha Rhalem, Cheikh ould Rhalem, qui est caïd des Oulad-Amran, se mit avec ses cavaliers à la poursuite des maraudeurs et suivit, sans pouvoir les atteindre, leurs traces jusqu'au delà du chott, dans le sud du djebel Antar, c'est-à-dire fit environ cent kilomètres dans moins d'une nuit. Ce fait, qui m'avait été raconté par un khalifat (lieutenant de caïd) du cercle d'El-Aricha, m'a été confirmé par des officiers.

Je campe dans un douar et dors bercé par les aboiements lointains de chiens qui hurlent au chacal et par la pluie qui tombe lentement, en larges gouttes, bruits nocturnes que traverse parfois le cri aigu des courlis.

Les sabots de mon cheval font sonner au réveil la poussière crétacée que la pluie a agglomérée en une sorte de mortier. L'atmosphère est d'une limpidité qui permet d'observer les objets à de grandes distances. Le soleil a promptement dissipé les vapeurs de la plaine et me frappe les yeux d'une façon désagréable. Je marche directement à l'est. C'est toujours la mer d'alfa qui m'entoure. Des nuées de *cangas* (espèce d'énorme caille) passent au-dessus de ma tête, des *coudri* (perdrix anglaises) s'envolent par couple et les *houbara* (outardes) rayent l'horizon de leur vol lourd et disgracieux. Enfin j'aperçois une construction en bois qui me rappelle l'abri des veilleurs des villages frontières valaques et moldaves. Une plateforme en bois supportée par quatre montants, à laquelle on parvient par une échelle de forme primitive, et sur cette plate-forme, un soldat du 15e de ligne, régiment qui a un bataillon détaché à Marhoum. Je suis signalé et reconnu comme Européen, car une patrouille dont la silhouette avait paru au-dessus de la crête d'un mamelon s'est repliée. Je pénètre sans encombre au milieu des baraquements élevés par la Compagnie Franco-Algérienne, qui héberge ses ouvriers et entrepose ici les ballots d'alfa que doit prochainement enlever le chemin de fer. La voie arrive jusqu'à 18 kilomètres de Marhoum. Ce sont les travaux du pont de l'oued Fallet qui ont retardé l'achèvement de la ligne. Le terrassement est terminé, la pose des rails et traverses nécessite un jour environ pour 500 mètres. Il faudrait donc un mois pour terminer ce travail, dont l'achèvement rendra de grands services à toute la contrée. Le bataillon du 15e de ligne est baraqué et parfaitement installé; il est commandé par M. de Vaucresson.

Un réduit formé par une baraque entourée de retranchements en terre sur lesquels on a placé des caisses en fer formant blindage sert de logement au chef du bataillon. En temps ordinaire, ces caisses en fer sont destinées à être suspendues sous les charrettes qui transportent l'alfa. Elles contiennent l'eau, qui manque complètement pendant le trajet. A Marhoum, de nombreux puits ont, à un mètre de profondeur, de l'eau claire et limpide. Une cantine tenue par un colon fournit le pain, les légumes, et c'est là que je vais demander asile. Un repas où les condiments et excitants dominent me fait souvenir que s'il est des gens qui se disent Espagnols... il est des cuisiniers qui le prouvent.

J'apprends que les Harrar, qui ont demandé l'aman (le pardon) et qu'on rapatrie sur Frenda, doivent arriver le lendemain; cela me décide à rester, malgré la monotonie du paysage et le peu de distractions. Je parcours le pays et mon fusil abat un *arneb* (lièvre) et trois *hadjel* (perdrix rouges). Mon hôte m'engage à ne point sortir le soir, les ordres les plus sévères étant donnés à cause des maraudeurs.

Le jour suivant, un nuage de poussière annonce de loin l'arrivée des Harrar. Figurez-vous le peuple d'Israël fuyant d'Égypte. Les *atatich* couverts d'étoffes aux vives couleurs surmontent le dos des chameaux. C'est dans ces palanquins en forme de boule que voyagent les femmes arabes.

Les *khammès* (serviteurs qui reçoivent le cinquième de la récolte pour prix de leur travail, nom qui vient de *khamsa,* prononcez *kramsa,* cinq), poussent les animaux et les excitent par un cri spécial jeté dans le haut de la voix et suivi immédiatement d'un sifflement. Les quelques moutons qui restent suivent avec les vieilles femmes, les bourriquots chargés des ustensiles et tapis de la tente. Et le tout s'avance lentement, protégé, surveillé, gourmandé par des cavaliers campés fièrement sur des chevaux étiques.

Ces malheureux sont, me dit-on, dénués de tout et ont été autorisés à vendre ce qui pouvait avoir quelque valeur.

Les femmes paraissent oublier la pudeur qu'elles affectent ordinairement et ne se cachent point le visage lorsque j'arrive au milieu d'elles. Il y en a peu de jolies, mais beaucoup sont passables. Ce sont elles qui dressent les tentes pendant que les hommes conduisent les troupeaux aux puits et que j'écoute le récit de leur défection, que me fait un d'eux ; je l'abrège, mais sa forme biblique est saisissante :

« Le goum était à la colonne de Géryville avec le caïd. Nous étions campés à Naâma du Tell. A la nouvelle de l'approche de Bou Amama, nous sommes allés au pays de Tircine, chez le caïd des Oulad-Brahim, qui nous a reçus. Nous étions là depuis trois heures, lorsque deux cavaliers, que nous avions laissés à l'ancien campement pour rechercher ce qui aurait pu être oublié, sont venus nous prévenir que Bou Amama arrivait derrière eux.

« Nous avons décampé et sommes allés jusqu'à l'oued Foufott, où Bou Amama et ses gens nous ont entourés. Nous avons eu peur. Le caïd Taïeb ben Hannon, des Merabtine-Gharaba, et le caïd Moktar, des Oulad-Senoussi, ont parlé au marabout et ont offert chacun un cheval ; Bou Amama nous a donné la nuit pour réfléchir.

« J'ai pu faire une lettre et envoyer des cavaliers à Saïda pour qu'on vienne à notre secours. Personne n'étant venu, le marabout nous a emmenés le lendemain matin ; c'était un vendredi du mois de juin.

« Nous sommes allés successivement à El-Aouedj, près de Fra-el-Hassan, à El-May, à Dayat-el-Kerch, passant à côté de Sidi-Khelifat, où était la colonne Mallaret, et où son artillerie a tiré des coups de canon. Il y avait avec nous un certain nombre d'Espagnols, hommes et femmes, prisonniers. Je ne sais pas le nombre. Nous avons ensuite campé à Chaïb et à Fekarine, où nous sommes restés trois ou quatre jours ; à Tismouline, où Bou Amama s'est installé avec ses gens ; mais nous étions avec des hommes de garde à Ouddiet-Seddeur ; deux ou trois jours après, on est parti pour Feratis. Il y avait dans la colonne beaucoup de chameaux et beaucoup de moutons (plus de trois cents troupeaux).

« Bou Amama avait avec lui cinq à six cents cavaliers et autant de fantassins qu'il a réunis et avec lesquels il est parti pour Feratis, afin de marcher de nouveau dans le nord pendant que nous restions là. Il est resté absent environ quinze jours. Il était allé, paraît-il, jusqu'à la colonne Brunetière, où était l'agha Sarhaoui. A son retour, nous sommes partis pour Naâma, puis il nous a emmenés à Tazina, de Tazina à Dekane, puis à Aouïnet-Si-Slimane et à Chellala. Quelques jours après, nous sommes allés à Asla, d'Asla à Tiout et de Tiout à Aïn-Sefra.

« Là, j'ai envoyé en secret le cadi à Géryville, avec une lettre pour le bach-agha de Frendah, afin qu'il arrive avec une colonne pour nous secourir.

« Alors, il en est venu un qui s'appelle Taïeb ould El Hadj, qui est cousin de Si Sliman et qui nous a dit : « Si vous m'écoutez, je vais « vous emmener chez Si Sliman, qui vous sauvera et vous enverra « dans votre pays. » Nous avons répondu : « Nous voulons bien. » Alors, j'ai envoyé une lettre à Si Ahmed ould Cadi[1] pour lui dire que nous allions partir chez Si Sliman et que nous reviendrions bientôt au pays.

« Le cousin de Si Sliman s'en alla pour rendre compte à son pa-

(1) Bach-agha de Frendah. Ce fait prouve la facilité avec laquelle les insurgés correspondaient avec nos tribus fidèles.

rent, et sur ces entrefaites, on nous fit décamper pour nous mettre à Sfissifa, pendant que Bou Amama s'installait à Madir-el-Amar.

« Là, il a ramassé ses goums et ses fantassins pour nous détruire, mais nous lui avons donné deux chevaux et deux grands palanquins, et deux femmes l'ont imploré au nom de Dieu. Alors, il nous a laissés tranquilles et nous a dit de marcher toujours avec lui et de ne rien craindre. Il ajouta que le soir il allait partir pour Tigri et que nous irions à côté, à Oglat-Moussa. En effet, nous y étions le lendemain.

« Ce jour-là, le frère de Si Sliman est venu avec son neveu Si Abd el Kader Mohamed ben Taïeb, et nous a dit : « Nous allons coucher « ce soir avec vous. Nous partirons ensemble demain. Ne craignez « rien ! »

« Mais le matin sont arrivés des cavaliers de Bou Amama qui ont dit qu'il fallait attendre le marabout à Oglat-Moussa. Nous avons répondu : « Nous autres nous n'attendons rien ; Bou Amama fera tout « ce qu'il voudra, nous partons. » En effet, nous sommes partis avec le frère de Si Sliman et l'autre. Nous sommes allés à Mechera-el-Bahr, où nous avons demeuré jusqu'au lendemain vers midi. Nous étions épuisés.

« Ayant appris que le marabout allait arriver, nous avons décampé de suite et marché toute la nuit. Le matin nous étions à Trarid. Là étaient des douars des Oulad-Sidi-Abd-el-Hakem, du pays de Si Sliman.

« Nous avons mangé et sommes allés camper chez Sliman ben Kaddour, qui se trouvait à Oglat-Cedra avec les Rezaïna et d'autres gens. Si Sliman nous a offert la diffa et nous a dit de rester auprès de lui, qu'il faisait son affaire de notre sort. « Si vous ne voulez pas, « je vous renverrai dans votre pays. » Sliman a dit aussi : « Il faut « écrire à votre bureau arabe, moi j'écrirai à votre général de di- « vision et au bach-agha de Frendah. Donnez-moi vos lettres, je les « enverrai par mes cavaliers. »

« Nous sommes restés dix jours à Oglat-Cedra, puis nous avons campé à El-Merridja. Là, un spahi est arrivé de Sebdou et nous a dit : « J'apporte une lettre pour que vous rentriez dans votre pays. » Si Sliman a donné une réponse au spahi. Après son départ, les Arabes qui étaient avec Si Sliman nous ont dit que ce dernier étant marabout il fallait lui donner quelque chose.

« Nous avons donné dix couvertures ordinaires, dix couvertures pour faire asseoir les femmes sur les chameaux, dix coussins rouges, dix burnous blancs, un étrier en or de cent douros.

« Après l'offrande, nous sommes encore restés deux jours ; mais Si Sliman nous a envoyé son chaouch pour nous dire qu'il lui fallait encore cinq mille douros et un certain nombre de chameaux.

« Nous avons donné cinq cents chameaux, sept cents douros,

trente couvertures ordinaires, trente grandes couvertures en laine et en soie, un cheval de deux cents douros. On nous pillait.

« Après cela, il réclama encore vingt chameaux des plus beaux, et nous dit : « Maintenant, vous pouvez partir. » Comme nous étions remplis de joie, nous avons donné toutes ces choses, et encore deux juments et un cheval de quatre cents douros, et quatre cents douros en argent. Quand après cela il voulut encore autre chose, nous lui répondîmes qu'il ne restait plus rien. » Il dit alors : « Apportez-moi « les bijoux des femmes. » Ce qui fut fait.

« Le cousin de Sliman est arrivé ensuite et a demandé pour lui cent moutons. Nous en avons donné quatre-vingt-dix.

« Si Sliman réclama alors vingt chameaux pour son neveu.

« Le caïd Bou Bekeur avait envoyé ses fils pour aider à notre départ, et ils étaient présents lorsque nous avons donné toutes ces choses. Déjà nous avions été dépouillés par Bou Amama d'une partie de ce que nous possédions.

« Après cela, Sliman nous dit que, le lendemain, nous pourrions partir de bonne heure.

« Ce jour-là, pendant qu'on chargeait les chameaux, nous avons envoyé les troupeaux en avant. Quand tout fut prêt, nous nous aperçûmes que tous les gens de Sliman et des Beni-Guil formaient le carré autour de nous. Quand il vit cela, Sliman monta à cheval avec cinquante cavaliers et prit notre défense. Il protégea nos femmes et nos chameaux chargés, mais les moutons étaient déjà enlevés. Son neveu revint encore après, avec un goum, pour nous tuer, mais Sliman s'y opposa, et ils faillirent se battre.

« A la suite de cela, Si Sliman et ses cavaliers nous accompagnèrent et nous firent camper au milieu d'eux, à Aïn-Dagna. Toutes les femmes pleuraient, ainsi que les enfants, accusant Sliman de nous avoir ruinés; il répondit : « Vous voyez bien que, jusqu'à mes « frères, tout le monde veut vous piller ; mais je vais m'occuper des « moyens de vous faire partir. »

« Nous sommes ainsi restés campés auprès de lui. Au bout d'une heure, son frère et son neveu sont arrivés avec un fort goum et sont rentrés dans le douar avec des Beni-Guil. Ils ont encore choisi dix à vingt beaux chameaux par troupeau, en tout trois cents chameaux ou chamelles. Ils ont également pris de beaux *chebirs* (éperons) en or, de belles selles, de beaux habits, des couvertures que les femmes mettent sous elles et une tente, très belle, ornée de cuir rouge, valant 600 francs. (1)

(1) Sur le territoire algérien, il n'y a que les monnaies européennes qui aient cours. Quant aux mesures, elles sont indiquées dans le tableau ci-dessous :

MESURES DE SUPERFICIE

Sokka	= 1 charrue,	soit	10	hectares.		
Ferd	= 1/2	—	—	5	—	
Reboua	= 1/4	—	—	2	—	50 ares.

« Pendant qu'on nous prenait encore cela, Sliman nous disait, en raillant : « Sur qui voulez-vous que je frappe ? Puis-je frapper sur « mon frère, mon neveu, mon cousin ? »

« Le lendemain, pendant les préparatifs de départ, son frère, son oncle et son neveu lui dirent : « Qu'est-ce que tu vas faire de ces « gens ? ce sont des chiens, des roumis, il faut les brûler. » Et lui : « Non, pour l'amour de Dieu, laissons-les partir. »

« Il nous a offert, le soir, la diffa, puis monta à cheval avec ses cinquante cavaliers, et se mit en route avec nous ; nous allâmes à une demi-journée de là, au sud de Meridja. Nous y couchâmes tous. Le lendemain, il s'en retourna, laissant avec nous son fils et son frère. Le caïd Cheikh ould bou Tkil et le caïd Sliman (caïds de Géryville) étaient aussi là.

« Nous nous sommes mis en route au matin, et après avoir marché toute la journée et toute la nuit, nous sommes arrivés à Ras-el-Aïn des Beni-Mathar, chez le caïd Bou Bekeur el Mehiaoui (des Mehaïa). Nous y avons couché deux nuits.

« La dernière nuit, nous avons reçu de Sliman quatre cavaliers qui firent faire demi-tour à son fils et à son frère. Les deux caïds ne voulurent pas retourner avec eux et dirent : « Nous allons tout droit « chez le général, à Oran ! »

« Cette nuit-là, mais après le départ des parents de Sliman, le caïd Sassi, des Rezaïna, est aussi venu et a demandé si le fils et le frère de Sliman étaient partis. On lui dit : « Oui ! » Alors, il fit demi-tour et alla les rejoindre.

« Au matin, Bou Bekeur nous accompagna avec son fils jusqu'à Magoura, où nous avons rencontré un officier qui était venu nous chercher avec des cavaliers français. Grâce à Dieu, nous voilà sains et saufs ! »

L'indigène qui me parlait avait une face brune et émaciée qui annonçait une suite de longues courses au désert. Ses mains se pressaient nerveusement, mais aucun autre geste ne trahissait les souffrances et les désespoirs supportés.

Ces Arabes ont-ils été enlevés de force, ont-ils suivi Bou Amama de bonne volonté ? La dernière supposition me paraît plus probable.

MESURES DE LONGUEUR

Draâ	= 1 coudée,	soit 0m 50 centimètres.
Khetoua	= 1 pas,	— 1 mètre.

MESURES DE CAPACITÉ

Guebba	= double-décalitre,	soit 20 litres.
Koulla	=	16 —
Kharouba	= décalitre,	— 10 —
Saâ	= 10 décalitres,	— 100 —

POIDS

Retal	= 1 livre,	soit 500 grammes.
Kontar	= 1 quintal,	— 100 kilogrammes.

En tout cas, ils ont été rudement traités et nous reviennent misérables.

Autour de nous, les enfants accourus jouaient, se roulant au soleil, et envoyaient des pierres avec une sorte de fronde dont ils se servent très habilement, comme l'indiquaient les hurlements des chiens qui fuyaient. Les femmes avaient disparu et les tentes, formant un vaste demi-cercle, se pressaient à quelque distance des baraquements que soldats et officiers du 15e de ligne transforment peu à peu en véritables maisons en pierres.

Une redoute bastionnée domine déjà les constructions, protégeant les puits au nord et battant la plaine au sud.

Après avoir distribué quelques secours à ces malheureux, je repartis pour Saïda, et, accompagné de mon cavalier, nous traversons la plaine coupée par des ravins profonds. Après le froid de la nuit et la fraîcheur du matin, la chaleur est devenue accablante; le *guebli* (vent du sud) qui, à onze heures, commençait à se faire sentir est devenu *simoun* (le violent) et soulève des tourbillons de sable. Tout est gris, et c'est à peine si nous pouvons respirer. Les indigènes prétendent que les tourbillons sont un signe de guerre : « C'est l'ennemi qui marche! » disent-ils sentencieusement. A chaque instant, des trombes dont l'extrémité se perd dans le ciel nous enveloppent et nous couvrent de poussière. C'est dans ces conditions que nous arrivons à l'oued Fallet, dont les berges nous protègent un peu, et ce n'est qu'à neuf heures du soir qu'exténué et harassé j'entre à Saïda. Je remets au lendemain mes projets d'exploration, et, après huit heures de sommeil, me réveille très satisfait de n'entendre ni cheval hennir, ni clairon sonner, ni chameau crier.

Le *bordj* (maison de commandement, fort) de Saïda est bâti dans la partie élevée de la ville. Outre les bâtiments militaires, il contient des maisons particulières occupées par des débitants et est destiné à donner asile à la population en cas d'attaque. Tous les lundis, un marché se tient au nord de la ville; on arrive à la gare du chemin de fer par une vaste avenue plantée d'arbres. Une grande place sépare les constructions des fossés du bordj et les maisons forment dans la même direction un vaste pâté rectangulaire. Les marchands indigènes sont d'origine m'zabite ou juive, et il se fait un grand commerce de chevaux, chameaux, moutons et d'étoffes. La population serait considérablement accrue si une question d'intérêt pécuniaire ne s'était élevée, au sujet d'achats de terrains, entre la Municipalité et la Société Franco-Algérienne, qui, à cause de cela, a transporté ses dépôts d'alfa et ses ateliers sur les hauts plateaux, à Redjem-Khalfalla (tas de pierres de Khalfalla). Le chemin de fer qui monte sur les hauts plateaux gravit des pentes très fortes et passe jusqu'à trois fois presque dans le même plan vertical. C'est par là qu'on se rend aujourd'hui au Kheïder, où ont ordre de se réunir, le 15 octobre, les troupes venant du Tell ou des autres colonnes, troupes destinées à prendre part à l'expédition du sud. Le nombre de ces colonnes et leur composition sont arrêtés. Pendant que les colonnes dites d'observation protègeront, à Sidi-Zaher, au sud de Margnia, et à El-Aricha, la frontière marocaine, la colonne de Ras-el-Ma aura pour mission de défendre la vallée de la Mekerra et le sud du cercle de Daya, et les bataillons placés sous le commandement du général Germain couvriront le chemin de fer du Kheïder, Marhoum, Tiaret, Frendah et Saïda contre un retour offensif de l'ennemi. Trois autres colonnes, deux à Mecheria, une à Géryville, descendront dans le sud, sous les ordres des généraux Delebecque, Colonieu, Louis et du colonel de Négrier. Elles parcourront le pays où se trouvent les ksour d'Asla, Tiout, Mograr, El-Abiod-Sidi-Cheikh, Chelala, Arbaouat, et culbuteront ce qui fera résistance. Une d'elles, composée spécialement de cavalerie, agira comme colonne légère (quatre escadrons de chasseurs d'Afrique, un bataillon de tirailleurs). Il est peu probable, étant donné le traité de 1845 et la crainte de complications européennes, qu'elles aillent à Figuig, mais elles établiront un poste militaire soit à Tiout, soit à Aïn-Sefra; ce poste, occupé par des officiers des affaires indigènes, est destiné à maintenir notre autorité au delà des chotts, dans cette région qui, même en temps de paix, est toujours parcourue par des maraudeurs marocains ou des pillards venant du désert. Ce sera certainement le poste le plus périlleux de l'Algérie, tant qu'on n'aura pas fait une expédition sérieuse contre les tribus marocaines du sud-ouest.

En attendant la continuation du chemin de fer jusqu'à Mecheria, c'est au Kheïder que wagons, chameaux, voitures transportent les approvisionnements de toute nature destinés à ces colonnes. Il y a quelques jours, malgré la présence d'un bataillon du 2e tirailleurs, des vols importants ayant été constatés, une surveillance occulte fut établie et on reconnut que ces vols étaient le fait des indigènes *sokrars* (convoyeurs), destinés à accompagner et charger le convoi. C'est pendant la nuit et dans le sol très friable sur lequel est le camp qu'ils enfouissaient sacs d'orge et caisses de biscuits qui ensuite étaient déterrés et transportés en détail au ksar de Sidi-Khelifat, voisin de quelques kilomètres. J'ai parlé de ce village de marabouts lors de mon premier voyage; on devrait profiter du flagrant délit pour razzier et détruire ce repaire de fanatiques et de voleurs.

Pendant mon séjour à Saïda, où les *berrani* (étrangers) ne sont point trop maltraités, une dépêche venant de Mecheria annonce que Si Sliman ben Kaddour est parti dans l'ouest pour une expédition dont le but est inconnu. L'ouest, c'est le Maroc! Donc, à part quelques *djiouch* (bandes) de maraudeurs venant voler des moutons, on peut être à peu près certain de ne pas rencontrer l'ennemi en force au-dessus de Daya et d'El-Aricha. Cependant, les *miâd* (délégués) des Doui-Menia et des Beni-Guil, exaspérés par les razzias opérées sur leurs troupeaux par nos Hamyane, ont porté leurs réclamations à l'*amel* (préfet) d'Oudja, qui représente l'empereur du Maroc, et ont déclaré qu'étant donné le nombre considérable d'animaux qui leur avaient été enlevés, ils prétendaient user de représailles, si on ne leur accordait pas une compensation.

Il est inadmissible qu'on cède aux prétentions de ces tribus remuantes qui ont fourni des contingents, donné asile aux insurgés et dont les agissements sont une cause perpétuelle d'inquiétude et de trouble pour notre colonie. Il faut donc s'attendre à une reprise d'hostilités dès que les colonnes du sud auront démasqué les passages des chotts, et le rôle des colonnes d'observation sera d'empêcher l'ennemi de pénétrer dans le Tell, et de maintenir dans l'obéissance les tribus sahariennes, toujours hésitantes.

L'expédition qui va partir nécessitera beaucoup d'hommes et d'argent. Il ne faut pas s'y tromper : c'est la conquête définitive de l'Algérie que nous entreprenons. C'est la lutte du chrétien contre le musulman. La duplicité, le fanatisme de l'ennemi ne permettent pas d'ajouter foi à ses promesses de soumission : il faut des preuves et des gages, car le Coran, qui est la parole de Dieu, dit : « *La paix avec les infidèles doit être considérée par les musulmans comme une trêve pendant laquelle ils doivent se préparer à la guerre.* »

Nous combattons des adversaires qui ne reconnaissent d'autre loi que la force, et ce ne sera qu'au prix de grands efforts que nous parviendrons à assurer la sécurité des colons et l'avenir de la colonie. Lorsque nous aurons établi à la limite du Sahara une zone de protection assez large pour qu'aucune surprise ne soit à craindre, alors seulement le Tell pourra être cultivé en sécurité et les hauts plateaux exploités.

Avec ou contre nous ! Tel doit être désormais l'ultimatum posé aux Arabes.

Mektoub Rabbi ! C'était écrit !

Octobre 1881.

Une excursion à Mecheria

« Vent en cage »
(Proverbe arabe.)

Je suis depuis hier soir au Kheïder, où j'ai trouvé beaucoup moins d'animation que lors de mon premier voyage.

C'est toujours l'entrepôt où affluent les subsistances et munitions destinées aux colonnes du Sud, mais les troupes sont parties et il ne reste qu'un bataillon du 2e régiment de tirailleurs.

La redoute, réparée, sert de caserne à la garnison et de prison aux gens des Oulad-Sidi-Khelifat surpris en flagrant délit de recel de vivres volés à l'administration militaire.

Ce village, habité par des marabouts, était un lieu neutre, plutôt dangereux qu'utile pour l'autorité française.

On a profité avec raison du flagrant délit des convoyeurs employés dans les colonnes qui avaient transporté le produit de leurs vols dans le ksar (village) pour arrêter les receleurs et interner le reste de la population près de Frendah.

Ces marabouts, placés à la limite du désert, avaient été jusqu'à ce jour respectés par les Français et les dissidents. Il est hors de doute qu'ils renseignaient les deux partis! Aujourd'hui, leur caïd est en fuite, leurs privilèges détruits, et nous ne voyons pas la nécessité de conserver ce nid de vipères. Qui dit marabout, dit ennemi de la France. Qu'on donne cet amas de masures à une des tribus qui ont fait preuve de fidélité.

Ce village a été témoin du passage du convoi de Bou Amama, qui s'est accompli le 15 juin 1881, dans les circonstances suivantes :

Le colonel de Mallaret, qui était à Menizla, fut prévenu le 13 juin, à dix ou onze heures du soir, par l'officier du bureau arabe, qu'une reconnaissance du goum des Beni-Mathar, partie le matin, avait eu, près de Sfid, un engagement dans lequel plusieurs cavaliers avaient été tués ou blessés, et que l'ennemi devait essayer de fuir par le Kheïder. Il se porta dans la nuit du 13 au 14 sur ce point avec un bataillon et demi de la légion étrangère, deux compagnies du 1er bataillon d'Afrique, un escadron de spahis, un escadron de chasseurs et tout son convoi. Précédée par le goum des Beni-Mathar, parti plusieurs heures avant elle, la marche de la colonne ne fut pas troublée, mais on put constater que des éclaireurs ennemis parcouraient le pays et l'on vit plusieurs feux sur la droite, vers Bedrous, El-May, Khalfalla, sans pouvoir toutefois, étant donné l'éloignement, en préciser exactement la position.

A l'arrivée au Kheïder, on signale un convoi vers Sidi-Khelifat, à l'ouest, et la cavalerie, faisant une pointe vers ce ksar, put vérifier la situation et l'erreur commise. Ce qu'on avait pris pour Bou Amama, c'étaient les troupeaux du ksar qui allaient au chott.

La journée du 14, pendant laquelle on fit séjour, se passa sans incidents sérieux; cependant, outre la reconnaissance de la cavalerie, quelques éclaireurs du goum revenant de Bedrous affirmèrent avoir vu de ce côté des feux vers le nord, et le goum des Beni-Mathar, qui arriva du nord-ouest dans l'après-midi, annonça qu'il était suivi de près par l'ennemi. Les avant-postes, de leur côté, aperçurent quelques cavaliers Harrar ou Trafi qui rôdaient aux environs, et plusieurs, soit pendant le jour, soit pendant la nuit, essayèrent de faire boire leurs chevaux aux sources du Kheïder.

La nuit du 14 au 15 juin fut calme. Les blessés du 13 juin, qui appartenaient à la tribu des Djafra-ben-Djaffeur, et parmi lesquels se trouvait le caïd, étaient restés au ksar de Sidi-Khelifat. De grand matin, on apprit la mort de ce caïd, qui avait succombé à une blessure dans le ventre.

En même temps on signale l'approche de Bou Amama, dont le convoi passait à quelques kilomètres au nord. Le bruit de ces faits se répandit immédiatement dans le camp, et lorsque, vers neuf heures, l'agha des Beni-Mathar annonça que l'ennemi était à hauteur de Sidi-Khelifat, chacun se porta à sa rencontre pour avoir des nouvelles détaillées et précises. On s'attendait à partir immédiatement. Un ordre fut donné à ce moment par le colonel de Mallaret. *Le départ était fixé pour onze heures seulement, alors que l'ennemi était à cinq kilomètres à peine!* Un goumier arriva au galop quelques instants après, annonçant à tue-tête que les cavaliers du goum, qui enterraient le caïd de Djafra, venaient d'être surpris; qu'attaqués par l'ennemi ils avaient forcé la ligne qui les enveloppait, mais que plusieurs chevaux et cavaliers manquaient à l'appel. L'effet produit fut instantané.

En un clin d'œil, les tentes furent abattues, les chameaux chargés, et lorsque les vedettes du 2e chasseurs d'Afrique placées sur les hauteurs de l'ouest vinrent prévenir que l'ennemi envoyait des cavaliers sur le camp, chacun était prêt pour la marche ou le combat.

Enfin on partit.

Formée en carré, la colonne se dirigea vers Sidi-Khelifat, précédée par la cavalerie sous les ordres du lieutenant-colonel du 2e spahis et le goum, sous les ordres du lieutenant du bureau arabe de Daya.

Après le premier mouvement de terrain on vit distinctement, malgré un vent violent, le convoi de Bou Amama fuyant vers l'ouest pendant que ses cavaliers d'arrière-garde se repliaient abandonnant par petits groupes le ksar de Sidi-Khelifat, où pénétraient les éclaireurs du goum des Beni-Mathar, qui s'était porté en avant. Aucun acte de vengeance n'avait été commis dans ce village : les blessés avaient été épargnés et l'ennemi se retirait emmenant seulement quelques prisonniers et du bétail.

De l'autre côté du ksar se trouve un mamelon couronné par une koubba autour de laquelle est placé un cimetière. La colonne escalada ce mamelon, et deux pièces mises en batterie envoyèrent aux cavaliers groupés, qu'on apercevait distinctement, six coups de canon dont on put constater l'effet au désordre qu'ils produisirent. Les soldats croyaient marcher en avant, et des *hourrahs* s'élevant de la colonne saluèrent ce résultat. L'artillerie avait pointé avec la hausse de 3 et 4.000 mètres.

A ce moment, la cavalerie était sur la droite, le goum en avant dans l'oued et sur la gauche. L'infanterie, formée en carré, le convoi au milieu, entourait la koubba de Sidi-Khelifat et dominait tout le pays environnant. L'ennemi se retirait lentement.

Il était midi et demi. — Emotion et surprise générales ! Le colonel de Mallaret donnait l'ordre de camper, malgré les protestations de l'officier des affaires indigènes et des officiers de la légion étrangère.

Et pendant ce temps, Bou Amama passait le chott à Chaïb, et le lendemain restait à Aïn-Fekarine et occupait ce point pendant les journées de 16, 17, 18 juin.

Cet arrêt en présence de l'ennemi est un mystère inexplicable. Quinze jours après, le colonel de Mallaret était rappelé à Bel-Abbès et abandonnait le commandement de la colonne.....

. . . .

Le Kheïder est le point de passage de tous les détachements. Le chemin de fer va maintenant jusqu'à Bou-Guetoub (l'homme au pilon), à 15 kilomètres au delà, et les terrassements sont faits jusqu'à Bir-Senia, à 42 kilomètres.

En traversant le chott pour me rendre à Bir-el-Amra (le puits rouge), où j'arrive après trois heures de marche, je suis témoin d'un effet de mirage qui présente dans le lointain une série de tableaux mouvants. J'aperçois tantôt une forêt, tantôt des navires, et les dépôts salins qui couvrent le sol simulent parfaitement la mer agitée par une brise légère.

La température n'atteint pas en ce moment 30°. Il est dix heures du matin.

La traversée du chott ne demande pas plus de trois heures, car je puis couper à travers le sable, et j'arrive à Bir-el-Amra, où les puits, épuisés par les troupes et les convois de passage, ne contiennent plus qu'une eau troublée et saumâtre. Je bois à travers mon mouchoir et je me remets en marche malgré la chaleur, qui a augmenté (midi, 37° centigrades).

La piste qui va à Mecheria a été tracée par le génie, qui s'est contenté d'enlever l'alfa sur une certaine largeur. Sa ressemblance avec celle qui conduit de Ras-el-Mâ à El-Aricha est frappante. Rien de particulier ne signale mon voyage, mais de tous côtés retentissent les coups de feu tirés par les Hamyan en l'honneur d'El-Aïd-el-Kebir (la grande fête). C'est aujourd'hui le 13 novembre et dans tous les douars on célèbre la fête instituée en souvenir du sacrifice d'Abraham (Brahim). Chaque tente tue et mange un mouton, et les Arabes doivent en ce jour accorder le pardon des offenses. Je suis invité à prendre part à une agape qui se prolonge fort avant dans la nuit, et je mange et bois en écoutant les *guesba* (flûtes en roseau dont les sons imitent le bruit du vent). Les indigènes accompagnent, en frappant en cadence dans leurs mains, une mélopée plaintive, un récitatif dans lequel revient toujours la même phrase mélodique, et les *bandirs* (tambours de basque), *gallals* (tambourins) et les abois des chiens répondant aux chacals [1] forment la base de ce concert, qui, entendu dans le désert, près des grands feux d'alfa, a certainement un charme qui engourdit. Très posément, l'officier qui m'accompagne émet le paradoxe suivant : « Le chien du Tell, dont les abois sont aigus, demande à manger en prononçant : *Temar !* (des dattes), tandis que celui du sud, dont les abois sont rauques et sourds, demande de l'eau en hurlant : *El ma!* (de l'eau). » L'observation a une certaine justesse; et malgré son peu de vraisemblance, je ne puis qu'en constater la véracité. Tous les chiens qui entourent nos tentes aboient, crient sur un ton aigu : *El ma! el ma!* (de l'eau! de l'eau!)

L'endroit où je passe la nuit se nomme Bir-Senia (le puits de la noria). Les puits, placés dans une cuvette, sont peu nombreux et contiennent une eau passable, mais chargée de magnésie. Bir-Senia est situé à environ deux heures de Bir-el-Amra : c'est la grand'halte de l'étape pour aller à Fekarine. J'apprends par mes hôtes hamyan que Si Sliman a quitté Foum-Agaï, où il avait planté sa tente, pour se porter à quatre ou cinq journées plus à l'ouest, à Souarek; ce point est situé en plein Maroc, au pays des Baraber. Quant à Si Kaddour ben Hamza, il est, avec ses contingents, sur les rives de l'oued Guir, et Bou Amama a reculé jusqu'à Maïder, au delà du Tafilalet. Comme je le prévoyais, l'ennemi s'est jeté complètement dans l'ouest, et c'est avec étonnement que les officiers connaissant le pays et les habitudes des indigènes voient les colonnes d'opérations descendre dans le sud pour razzier et détruire avec un appareil formidable des ksours sans défense. Je sais bien que ces ksours sont amis des insurgés, et comme nous n'y avons jamais paru, cela se

(1) Le chacal est le *canis aureus* de Linné, le *thas* de Pline et d'Aristote. On l'appelle le *consack* dans les steppes du Volga, *karagan* chez les Tartares, *gola* chez les Hindous, *nari* au Coromandel, *tura* chez les Géorgiens, *mebbia* en Abyssinie, *dib* chez les Arabes.

comprend. Je sais bien qu'il faut donner satisfaction à l'opinion publique, mais les dépenses sont déjà considérables, le résultat sera mince, et j'ai trop bonne opinion de mes compatriotes de la métropole pour croire qu'ils ne comprendraient pas les raisons suivantes, qu'on peut leur donner :

La destruction des ksours par les Français est aussi absurde que pourrait l'être, par les Allemands, celle de Mulhouse ou de toute autre ville ouverte d'Alsace qui nous recevra lors de la future campagne. Je ne parle pas du vide qu'on fait dans cette région, qui est déjà trop déserte; des ressources qu'aurait pu y trouver le chemin de fer transsaharien, puisque l'idée est plus que jamais prônée; mais je ne cesserai de répéter : «Pourquoi aller dans le sud, puisque l'ennemi est dans l'ouest, pourquoi découvrir le Tell et laisser l'ennemi derrière? Le traité de 1845 sera violé tout autant que si on va à Figuig, et le but qu'on se propose ne sera pas atteint.» Les membres de la Société de Géographie affirment d'autre part que ce n'est point à Figuig qu'il faut aller, mais à Igueli ou Igli, qui, situé à un degré au-dessous, est le point de passage du commerce qui se fait avec le sud africain.

Où allons-nous? où irions-nous après, car le désert paraît reculer chaque jour! Voulons-nous donner la main à notre colonie du Sénégal? C'est la question du jour! c'est la question de l'avenir!

Je lis dans le journal officiel *le Mobacher* (le nouvelliste) qu'aucune somme de 30.000 francs n'a été votée comme on le prétendait pour la reconstruction de la koubba d'El-Abiod-Sidi-Cheikh; cette rectification vient un peu trop tardivement, quoiqu'elle fût attendue; ce qui est certain, c'est qu'on reconstruira ce monument avec ou sans l'aide des Français.

Les Oulad-Sidi-Cheikh ont de nombreuses koubbas dans le sud et l'ouest. A El-Goléah même, ils ont une zaouïa dite de Sidi-bou-Hafs, et, la destruction de la koubba d'El-Abiod consommée, l'utilité d'une réédification immédiate n'est pourtant pas démontrée.

J'apprends aussi que les colonnes commandées par les généraux Delebecque, Louis, Colonieu et la colonne de Négrier sont entrées le 28 octobre dans Aïn-Sefra, Sfissifa et Tiout, et ne les ont pas détruits, et le courrier venant du Kheïder nous annonce que, sur les hauts plateaux, le froid, qui avait été précédé par une tempête de neige dans la nuit du 30 au 31 octobre, continue à sévir, et que les colonnes d'observation sont très éprouvées par ce brusque changement de température.

Les lettres qui nous sont remises nous informent que ces colonnes sont toujours à Sidi-Zaher, El-Aricha et Ras-el-Mâ, et que la province d'Alger, à son tour, va mettre en mouvement des troupes, dont les unes, partant de Laghouat sous le commandement du général de

La Tour d'Auvergne, iront à El-Goléah, pendant que les autres descendront sur Tadjerouna, à la limite du Sahara, au sud d'Aflou. Ces deux nouvelles colonnes auront pour mission de réprimer tout mouvement insurrectionnel qui pourrait se produire chez les Larbaâ, Chaâmba et Oulad-Naïl.

Nous remontons à cheval vers neuf heures du matin et nous nous dirigeons vers le sud-ouest sur Fekarine, dont je trouve le ravin rempli par les eaux de pluie. Il y a environ deux heures de marche entre Bir-Senia et Aïn-Fekarine. Malgré la longue course d'hier, mon cheval, parfaitement entraîné, ne paraît pas fatigué. J'explore les environs et je découvre, au sud et au nord des sources, plusieurs puits peu profonds et contenant une eau parfaite que nos chevaux absorbent avec une avidité de bon augure. Mon *djouad* (noble coursier) a une oreille largement fendue ; c'est une opération que pratiquent les indigènes afin de détourner le mauvais sort, la fatalité qui poursuivrait sans cela le cheval né un vendredi.

La végétation depuis le Kheïder n'a point varié : l'alfa et l'armoise *(Artemisia odorantissima)* couvrent les grandes plaines au sud du chott Chergui, dont les ondulations sont parsemées de quelques rares *hamada* (plateaux pierreux). A l'ouest, les dernières pentes du djebel Amrag vont finir dans le chott et bornent l'horizon.

Grâce au temps clair et à la limpidité de l'air qui nous entoure, nous apercevons distinctement le col d'El-Ouassa, entre le djebel Haguer et le djebel Amrag ; plus loin, le djebel Antar se prolonge vers le sud. C'est en longeant les contreforts de cette dernière montagne que la voie ferrée arrivera à Mecheria.

Un berger que sa *cassoula* (bâton recourbé) fait ressembler à un Hébreu de l'histoire sainte, nous dit que des *askars* (soldats à pied) sont campés à quelques kilomètres à l'est, à El-Biod, dont ils gardent les puits, puis nous fait un long récit diffus dans lequel nous parvenons à comprendre que ces soldats appartiennent à une compagnie de la légion étrangère, et que trois espions arabes, arrêtés par les colonnes, ont été fusillés les jours précédents. C'est la méthode de répression qu'a inaugurée le colonel de Négrier. Une circulaire officielle prescrit même de supprimer le peloton d'exécution pour les indigènes et de procéder par la décollation. Désormais, on devra trancher la tête des Arabes condamnés à mort ; mais on se demande dans l'armée d'Afrique par qui sera rempli le rôle d'exécuteur ? Y aura-t-il, comme au temps des Turcs, un *seyyaf* (sabreur-bourreau) ? ou adjoindra-t-on une guillotine au convoi des colonnes ? Quoi qu'il en soit, l'effet produit sur les indigènes sera réel. Fanatiques et superstitieux, ils croient à la version populaire qui annonce que les anges d'Allah doivent, le jour du jugement dernier, transporter les élus au séjour des bienheureux en les enlevant par les touffes de cheveux *(quettaya)* qu'ils portent au sommet de la tête, et considèrent comme infamant tout genre de mort qui sépare le chef du tronc.

Comme le christianisme, la religion musulmane a des démons et des anges qui forment quatorze légions se combattant perpétuellement. Les étoiles filantes sont les projectiles que les anges lancent aux démons qui essaient d'approcher des sept cieux au-dessus desquels est la majesté divine (El-Arch). Dans le septième ciel est le livre évident sur lequel un ange inscrit les actions des hommes et les décisions immuables prises par Dieu dans la nuit d'El-Kader, où les affaires de l'univers sont fixées pour toute l'année.

Chaque homme a deux anges gardiens qui inscrivent ses bonnes et ses mauvaises actions : Rakib, à droite, pour le bien, et Atid, à gauche, pour le mal.

Nous continuons notre route en parcourant la région intermédiaire qui sépare El-Biod du djebel Antar et que suivit le goum des Beni-Mathar lorsqu'il quitta le camp de Fekarine, le 29 mai, pour aller chercher la colonne Innocenti, dont on n'avait pas de nouvelles. Ce chemin est sillonné par les convois, et les carcasses de chameaux indiquent la route à prendre. Nous apercevons Mecheria cinq heures après avoir quitté les redirs et les puits de Fekarine.

La garnison de ce poste est actuellement composée du 3e bataillon de la légion étrangère, de cent hommes de la compagnie de discipline de Tiaret, du personnel des services du génie et de l'administration. L'artillerie se compose de quatre mitrailleuses.

La plaine que nous traversons est à une altitude de 1.125 mètres et a une étendue d'environ 40 kilomètres carrés. Elle est dominée par les pics du djebel Antar, qui s'élèvent à une hauteur de 400 mètres. Mecheria est construit à trois kilomètres de cette montagne, dont les croupes vont s'abaissant pour finir à six kilomètres au sud-ouest. C'est sur le versant nord-ouest qu'on trouve le bois nécessaire aux constructions ; quant à celui qui est distribué pour le chauffage, il est pris dans les massifs qu'on aperçoit sur les croupes à l'est. Ces bois, de loin, paraissent grands comme des touffes d'alfa. Les essences qui servent aux constructions se composent de thuyas et de chênes verts.

Un oued suivant la direction nord-sud reçoit les eaux pluviales et le trop-plein des sources, qui s'épanche rarement hors des trois bassins dans lesquels elles se réunissent. Ces sources, au nombre de trois, dont une intermittente, ont nécessité un travail considérable de recherches et de sondages. Elles avaient disparu et on a pioché jour et nuit pour les retrouver. Des puits ont été forés, et, comme les bassins et les fours de campagne, ils sont placés en dehors et au sud de la redoute. Le bordj, de forme pentagonale, est entouré d'un mur en pierres sèches ayant aux angles des petits bastions. Ces bastions ont reçu le nom du point cardinal vers lequel ils se dirigent, sauf deux, dont l'un se nomme bastion Central et l'autre bastion du Mât, en souvenir de la guerre de Crimée. Le mur a une hauteur variant entre 1m 20 et 1m 50, et son développement mesure 1.800 mètres. Etant donnée la garnison, il serait difficile de défendre une pareille enceinte; aussi travaille-t-on sans relâche pour élever un rempart qui coupera en deux l'intérieur de la redoute.

Les soldats couchent sous des petites tentes, les baraques n'étant pas encore construites, ou arrivées, car on me dit qu'elles sont au Kheïder. On a adopté la baraque américaine, qui coûte 2.000 francs, se démonte et peut contenir quarante hommes. Les officiers se sont abrités sous des gourbis. L'hôpital n'est pas commencé.

Les avis sur la salubrité de ce poste sont très partagés, mais comme jusqu'à ce jour, grâce à l'accumulation humaine et animale, Mecheria ne s'est pas trouvé dans des conditions hygiéniques ordinaires, on ne peut guère affirmer une opinion dans un sens ou dans l'autre. Chose précieuse, il y a de l'eau: voilà ce que je puis affirmer.

A 57 kilomètres au sud-ouest, on trouve le bordj Aïn-ben-Khelil, qui autrefois était occupé et dont les constructions sont encore en assez bon état.

Les points d'eau sont, dans un rayon de 30 kilomètres : au nord, Selizla (le tremblement), où il y a des redirs; au sud-est, Feratis (les mamelons), où on trouve des puits, et Aïn-Touadjeur (la fontaine des marchands), où coulent des sources; au sud, la sebkha Naâma (le lac salé de l'autruche); au sud-ouest, Aïn-ben-Khelil (la fontaine de l'amant).

A la limite de l'horizon sud on aperçoit les massifs montagneux allant du nord-est au sud-ouest, dans lesquels sont les ksours de Chellala, Asla, Tiout. Plus à l'ouest, Aïn-Sefra et Sfissifa, qui sont encore occupés par les trois colonnes d'opérations.

Ces colonnes ont pour objectif les ksours de Mograr, qu'elles veulent détruire (c'est une douce manie) comme a été détruite la koubba (tombeau) d'El-Abiod, qui renfermait les restes du marabout des Oulad-Sidi-Cheikh, dont les ossements (nous l'avons déjà dit) ont été transportés à Géryville. C'est dans un de ces ksours qu'habitait le marabout Bou-Amama (l'homme au turban), et les tribus Amour veulent, dit-on, défendre ce ksar. Les troupes parcourront ensuite la région comprise au sud de Géryville et des chotts Gharbi et Chergui et fonderont le cercle du Sud-Ouest, qui sera commandé par des officiers des affaires indigènes en résidence à Aïn-Sefra (la fontaine jaune). A notre avis, c'est à Figuig, centre du commerce venant de l'intérieur par le Gourara ou le Tafilalet, qu'il faudrait frapper l'ennemi. Ces oasis forment une confédération sur laquelle le sultan du Maroc n'a qu'une autorité nominale; mais il est nécessaire auparavant de réformer ce fameux traité de 1845, et je ne pense pas que la France ait l'intention de se jeter, à l'ouest, dans une nouvelle aventure. Cependant : *La Allah ill'Allah, Mohammed rassoul Allah !* (traduction libre : Dieu seul le sait, et il ne faut jurer de rien !)

Novembre 1881.

Une excursion avec le goum

« L'ennemi ne se changera pas en ami, pas plus que le son en farine. »
(Proverbe arabe.)

A l'annonce de la razzia opérée le 17 novembre par Sliman ben Kaddour, le chef des Oulad-Sidi-Cheikh marocains, sur les Hamyan, Akerma et Chouareb, la colonne du colonel Crouzet (El-Aricha) s'est mise en mouvement. Malheureusement, malgré une marche forcée de dix-neuf heures, elle est arrivée trop tard pour couper la route à ce hardi coureur, qui, après avoir traversé le djebel Antar au col presque impraticable de Foum-el-Djemel (la bouche du chameau), a poussé dans l'est juqu'au marabout de Sidi-Mohamed-ben-Ali, à vingt kilomètres au nord de Mecheria, puis est repassé avec ses prises par le col d'El-Ouassa et est venu faire boire ses chevaux aux puits du djebel Derz et des Oulad-Srour.

Si Sliman, conduit par des éclaireurs qui devaient parfaitement connaître le pays, est revenu par les Mekemen (embuscades) et est descendu sans encombre dans le chott Gharbi, où il a campé à Oglat-el-Beïda (les puits de la blanche), en face de la colonne d'El-Aricha, qui, d'Oglat-Morra (les puits amers), pouvait voir ses feux dans la nuit. A une heure du matin, informé par les signaux de ses espions que des compagnies de tirailleurs montées à mulets se disposaient à le poursuivre, Si Sliman a levé précipitamment son camp, abandonnant les impedimenta tels que les objets trop lourds ou les animaux blessés, et a regagné le Maroc, où sa présence était signalée le 23 novembre à Maharroug (le lieu brûlé), au sud-ouest du chott Gharbi.

Le goum des Hamyan, ne pouvant lutter, s'est contenté de le harceler, puis est revenu ramenant quelques prises et s'est dirigé vers Mecheria sur la croupe est du djebel Antar, où sont campées en ce moment toutes les fractions hamyan.

Ce coup de main a été la conséquence fatale et prévue du départ des trois colonnes d'opération, qui ont laissé à découvert tout le pays au sud des chotts.

Je quitte El-Aricha à la prière de quatre heures du soir *(el-aâs-*

seur),[1] afin de traverser pendant la nuit la plaine qui s'étend au nord-est du chott Gharbi, dans lequel quelques *djiouch* (bandes de maraudeurs) peuvent être dissimulées à l'abri des rampes excessivement rapides qui entourent cette dépression.

Un village irrégulier et bizarre s'est élevé près du bordj (maison de commandement), sur l'emplacement qui couvre le camp. Officiers et soldats ont rivalisé et des constructions solides ont surgi de tous côtés. La précaution est bonne, car l'hiver s'annonce rigoureux, et malgré le calorique que laisse, après son coucher, le soleil de novembre, les nuits sont glacées et l'eau se congèle dans tous les récipients du camp.

Après une marche rapide pendant laquelle nous passons au sud de Kerbaya et traversons une plaine d'alfa ravinée par de nombreux oueds, nous arrivons au point du jour *(el-fedjeur)*, ayant fait soixante kilomètres environ, à Mekemen-el-Hanech (l'embuscade du serpent). En cet endroit de nombreux indices annoncent que l'ennemi a fait séjour. Peaux et débris de moutons jonchent le sol, qui est foulé par des traces de cavaliers, et j'apprends qu'en effet Si Sliman ben Kaddour, lors de sa razzia, s'est arrêté là pour laisser manger les chevaux et les hommes qui l'accompagnaient. On me dit aussi que Si Allel, son cousin, était présent et que cette razzia est une preuve d'alliance que les chefs des Oulad-Sidi-Cheikh marocains ont donnée aux autres marabouts dissidents.

Je me repose étendu voluptueusement à terre et exposé aux rayons du soleil levant *(es-sbah)*, car, dit le proverbe arabe : « Il vaut mieux être assis que debout, couché qu'assis, mort que couché ! » Le signal du départ ne me permet pas de commenter ce dicton philosophique, et nous arrivons à Bou-Guern à neuf heures *(ed-deha*, après avoir parcouru encore vingt-cinq kilomètres. Nos chevaux, très fatigués par la marche dans l'alfa, hennissent joyeusement en approchant des puits, et malgré l'impassibilité de mes compagnons, je n'hésite pas à demander un repos de quelques heures dans le chott. Les cavaliers m'offrent la *madjouna* (mélange), sortes de boulettes sèches faites avec de la semoule, du café, du sel, du poivre broyés ensemble et séchés au feu, et l'*achim*, viande de mouton que le soleil a desséchée. Avec ces deux mets, qui représentent peu de poids et de volume, les Arabes du Sud vivent plusieurs jours. L'achim me rappelle le pemmican américain, mais son odeur désagréable m'empêche d'en manger. Laissant à l'ouest l'oued Guesmir (la rivière du chardon), dont les redirs sont, avec le puits de Mekemen-el-Arich, les seuls endroits où l'on trouve l'eau dans ce pays désolé,

(1) La prière arabe, avec ses ablutions et ses génuflexions répétées, est un véritable exercice hygiénique et gymnastique.

nous longeons le lendemain les berges sud du chott Chergui, dont le sol recouvert d'une boue sablonneuse ne permet pas la traversée directe. A notre droite se dresse un mamelon isolé qu'on appelle El-Merabta (la maraboute), à gauche l'escarpement qui termine le djebel Derz, au pied duquel est creusé un puits. A côté d'El-Merabta, l'oglat des Oulad-Srour donne une eau abondante, et nous voyons encore les traces laissées par la colonne Mallaret, qui vint camper sur ce point pendant le mois de juin dernier.

Nous sortons du chott par la coupure que pratique l'estuaire de l'oued Kouijidad et remontons la pente rapide qui aboutit à la plaine d'El-Ouassa; nous voyons le col du même nom entre le djebel Antar et le djebel Amrag; mais, obliquant au sud, nous nous dirigeons vers la plaine d'El-Haguer, dont le sable escalade, en lui donnant une teinte jaune, le djebel El-Haguer (la montagne stérile). Le terrain plan qui s'étend à perte de vue, au sud, a environ une superficie de 50 kilomètres et va jusqu'au djebel Krachba (la montagne des perches) et au djebel Itima (la montagne orpheline).

En parcourant les dunes de sable, nous apercevons l'oglat (réunion de puits) que domine Foum-el-Djemel. Ce col franchit le djebel Antar, mais le passage, raviné, encombré par d'énormes pierres, très étroit et très raide, est dangereux pour les cavaliers. Nous rencontrons près de l'oglat un cavalier arabe qui se dissimule à notre approche et essaye de fuir, mais qui, bientôt cerné, s'arrête. Il est midi *(ed-dohor)*.

Le goum reconnait à une grande distance que cet indigène appartient à la tribu des Hamyan. En effet, obéissant à l'ordre qu'on lui intime (en agitant les burnous), ce cavalier revient sur ses pas, déclare venir du bureau d'El-Aricha et faire partie du maghzen (troupe à la solde de l'État). C'est un courrier qui a été à Mecheria et porte les dépêches du baylik (gouvernement).

Il y a près de quatre heures que nous marchons, et nous faisons halte pour écouter les nouvelles du sud. Décidément, ce n'est plus seulement une insurrection algérienne que nous avons à combattre. Les tribus marocaines se soulèvent, les Doui-Menia, les Beni-Guil, les Mehaïa, les Beraber ne reconnaissent plus l'autorité du sultan, et ces derniers ont proclamé et reconnu comme chef le chérif de Madaghra, frère d'un prétendant au trône du Maroc et chef de l'ordre religieux des Derkaoua, dont la résidence est à une journée de marche à l'ouest du Tafilalet. Ce chérif, dans lequel on croit reconnaître un individu nommé Bou Derra, se faisant passer pour fils de l'émir Abd el Kader et dont la présence avait été signalée au mois d'août près de notre frontière, a fourni, paraît-il, un contingent sérieux de fantassins et a fait alliance avec Bou Amama, Si Kaddour ben Hamza et Si Sliman ben Kaddour. Il marche avec les deux premiers contre les Hamyan, nous dit le cavalier, qui s'apprête à repartir, pendant que Si Sliman s'avance, menaçant de nouveau les tribus harrar de Frendah et Tiaret.

Les fils de grande tente de ces tribus, sous les ordres de l'agha Sahraouï, opèrent dans l'extrême-sud avec le général Colonieu, qui parcourt la plaine d'Oglat-el-Feïdja (les puits du ravin). Ils ont enlevé la caravane des Amour, qui revenait du Gourara, et fait des prises importantes sur les tribus marocaines et les Rezaïna, qu'ils ont poursuivis jusqu'à Mengoub d'Aïn-Chaïr.

Les quelques goumiers qui restent ne peuvent s'opposer à l'invasion qui menace leurs territoires, et en l'absence des hommes de poudre ce sont les colonnes de Ras-el-Mâ et d'El-Aricha qui devront les protéger. La colonne Négrier est déjà à Aïn-ben-Khelil depuis le 5 décembre, pendant que la colonne Louis se dirige vers les Chellala. Il est probable qu'on se décidera à pénétrer sur le territoire marocain. C'est le seul moyen d'en finir avec cette aventure, et il est temps qu'on prenne cette décision énergique, dont dépend la tranquillité de la colonie.

Le courrier disparaît dans la direction du chott Gharbi, où la colonne d'El-Aricha a mis un poste d'observation à Oglat-el-Beïda.

Nous franchissons Foum-el-Djemel. En redescendant par le versant est du djebel Antar, nous découvrons Fekarine, El-Biod et, dans le lointain, le Kheïder, mais Mecheria est caché par la courbe que décrit la montagne en s'infléchissant vers l'ouest. A l'horizon est s'étend le Chabet, pays raviné et dangereux que j'ai parcouru en allant à Haci-el-Hadri et Tismouline. Au sud les montagnes des Chellala et des Arbouat bornent l'horizon et remontent jusqu'à Géryville. De l'alfa, la koubba de Sidi Mohammed ben Ali, des troupeaux de chameaux et quelques rares tentes: c'est tout ce qu'on distingue. Les puits de Nebch (le terrain remué) sont à six ou sept kilomètres plus au nord et creusés au pied même de la montagne. Au nombre de trois ils fournissent une eau qui ne tarit pas et sont entourés par des jujubiers, des *semar* (joncs) et du *rtem* (genêt).

Le Teniet-Remel (le col sablonneux), presque impraticable aux cavaliers, domine ce point d'eau et les redirs de Selizla, qui sont de petites dayas dans lesquelles se réunissent les pluies d'hiver et d'automne. Le goum, qui s'était rassemblé pour traverser le col, se disperse de nouveau, et la plaine résonne sous le galop des cavaliers lancés à la poursuite des lièvres, qui abondent dans cet endroit et dont la chair conserve un goût très aromatique. Les éclaireurs qui nous avaient précédés se sont repliés sur le gros des goumiers, qui suit la base du djebel Antar, dont le plus haut pic s'élève à 391 mètres.

Les troupeaux de moutons apparaissent de nouveau; leur imprudence est le résultat de la situation actuelle. Les troupeaux et les chameaux ne pouvant vivre dans les espaces restreints que l'autorité leur assigne comme terrains de parcours, les indigènes préfèrent le risque d'une razzia à la mort certaine de leur bétail, qui périrait de soif et de faim.

Un autre courrier que nous rencontrons remontant vers le nord nous apprend que l'intention de Bou Amama était de châtier les Beni-Guil, qui, lors de sa fuite, au mois de juin, l'avaient attaqué et harcelé; mais les Oulad-Djerir, fraction marocaine, seraient intervenus et auraient égorgé deux chameaux sur le passage du marabout pour le détourner de son projet. Cette façon de procéder est un acte de défi. Les tribus du Sud, lorsqu'elles veulent se provoquer, égorgent des animaux sur le chemin que doivent suivre leurs adversaires. Cette action est équivalente à la phrase suivante : « Je te défends de mettre tes menaces à exécution, et si tu ne tiens pas compte de mes paroles, je te traiterai comme je traite ces animaux ! »

Dans l'extrême-sud, une autre menace ou indication de danger consiste à élever sur le passage de l'ennemi ou de l'individu qu'on veut avertir des buttes en terre surmontées d'une pierre ou d'ossements.

Il est cinq heures, et après la prière d'*el-mogreb* (coucher du soleil) nous continuons notre route sans incident. Pendant la marche, le chef du goum me donne les renseignements suivants sur les ennemis que nos colonnes pourront avoir à combattre :

Les *Angad* marocains se composent d'une population tranquille, jusqu'à ce jour amie de nos tribus. Ils peuvent mettre sur pied 200 cavaliers, 400 fantassins et n'ont point encore fait acte d'hostilité.

Les *Mehaïa*, dont quelques cavaliers ont participé à la dernière razzia contre nos Hamyan, sont commandés par El Hadj bou Bekeur, qui se disait dévoué à nos intérêts et avait demandé à se mettre, avec ses gens, sous notre protection. Cette tribu se divise en trois fractions principales : les Oulad-Barka, les Achach, les Mahil-el-Oust. Elle comprend 890 tentes, 493 cavaliers, 2.230 fantassins.

Les *Beni-Mathar* marocains, qui campent près de Ras-el-Aïn (la tête de la fontaine), se divisent en Oulad-Hammadi, Oulad-ben-Aïssa et Oulad-el-Haïm. La tribu comprend 285 tentes, 108 cavaliers, 300 fantassins et, jusqu'à ce jour, n'a pas fait parler d'elle.

Les *Oulad-Sidi-Cheikh-Gheraba* (de l'ouest) sont très dispersés. Ils comprennent les Oulad-Sidi-Cheikh-el-Hadj-Ahmed, qui campent avec les Douï-Menia, qui sont avec Si Sliman, les Oulad-bou-Douaïa, qui habitaient le cercle de Géryville, les Oulad-Sidi-Mahmed, les Oulad-Sidi-bou-Hafs et les Oulad-Sidi-Zian, qui sont avec Si Sliman, les Rahamna, qui appartiennent au territoire civil de Lamoricière.

Les *Amour*, qui ont pactisé avec Bou Amama et se divisent en

Oulad-bou-Bekeur, Oulad-Selim, Oulad-Souala, Oulad-Chadmi, peuvent réunir 150 cavaliers et 965 fantassins. Cette tribu campe entre les ksours d'Asla et d'Aïn-Sfissifa.

Les *Beni-Guil*, tribu hostile très remuante, qui obéit à Si Sliman, se divise en Beni-Goumen, Beni-Ghoumrassen, Oulad-Ali-bou-Chenafa, et comprend 490 cavaliers et 600 fantassins.

Les *Doui-Menia*, dont les 850 cavaliers et 1.900 fantassins forment les fractions suivantes : Oulad-Sliman, Oulad-bou-Anan, Oulad-bel-Guir, sont nos ennemis.

Les *Oulad-Djerir*, qui suivent Bou Amama, comprennent les fractions El-Mefalha, El-Assassa, soit 200 cavaliers et 500 fantassins.

Les *Hamyan* insoumis, qui sont partis au Maroc il y a deux ans et y sont restés depuis cette époque, se divisent en Chafa, comprenant une partie des Beni-Metarref, et en Djemba, comprenant la totalité des Oulad-Embarek, des Fradha, des Sendan et des Oulad-Tamny et une partie des Oulad-Farès, des Oulad-Ahmed, des Riatra-Oulad-Messaoud, des Megan, des M'raoulia et des Oulad-Serour. Une minime partie nous est restée fidèle (180 tentes) et campe actuellement sous Mecheria.

Pendant cette énumération, nous avons légèrement appuyé vers l'ouest, et bientôt nous apercevons les gourbis que les fractions des Hamyan-Akerma et Chouareb, dépouillées et razziées par Si Sliman, se sont construits pour ne pas rester sans abris. Toutes les autres fractions ont dressé leurs tentes à trois kilomètres du bordj, et les kraïma (tentes en poil de chameau), nombreuses et serrées, forment une agglomération qui s'étend sur quatre kilomètres carrés. Cette tribu puissante et guerrière dépend de l'annexe d'El-Aricha, qui est administrée par le Cercle de Sebdou.

La baraque dans laquelle logent les employés du télégraphe optique est accrochée à mi-côte du piton le plus élevé du djebel Antar, sur la pointe duquel est installé l'appareil. Comme la distance entre le fort et le télégraphe est assez grande, on avait établi un télégraphe souterrain, mais il a fallu renoncer à ce genre de communication, les chacals déterrant et rompant le fil. (??) Ce sont des relais de cavaliers arabes qui font aujourd'hui le service des dépêches en attendant la construction d'un télégraphe aérien. Le télégraphe correspond avec le Kheïder et, lorsque le temps le permet, avec le poste du djebel Aïssa (la montagne de Jésus), au sud duquel se trouvent, à quelques kilomètres, les ksours de Tiout et d'Aïn-Sefra, dont la redoute est terminée et dont les fours peuvent fournir 3.000 rations de pain par jour à nos soldats.

Les cris des Arabes déchargeant le beïr (chameau mâle) qui porte mes bagages annoncent que nous sommes arrivés au campement. Avec la nuit, le guebli (le vent du sud) a diminué, mais il fait froid, et c'est près d'un feu de metlenan que j'apprends les degrés de parenté qui unissent les Oulad-Sidi-Cheikh algériens et marocains, lesquels, ennemis au début de l'insurrection, ont fait alliance aujourd'hui.

Les Oulad-Sidi-Cheikh se divisent en deux branches autrefois ennemies: la branche algérienne et la branche marocaine, toutes deux de même origine, mais ayant du sang entre elles.

Les Oulad-Sidi-Cheikh-Cheraga ont été attribués à l'Algérie par le traité signé avec le Maroc le 23 août 1845.

Je me sépare du goum à huit heures (el-aïcha): c'est l'heure de la dernière prière des mahométans, et j'arrive à Mecheria quelques minutes après.

Les cinq prières que fait, dans la journée, un bon musulman sont indiquées par le nom de l'heure.

El-fedjeur : le point du jour;
El-dahar : midi;
El-âsseur : quatre heures;
El-mogreb : le crépuscule;
El-aïcha : huit heures du soir.

Pendant le rhamadan, on fait une sixième prière, entre neuf et dix heures du soir; c'est le *kriem* (debout).

Dans les villes, ces prières sont annoncées par le *muedden* (crieur), qui, du haut de la mosquée, se tourne vers les quatre points cardinaux en criant lentement :

La Allah ill'Allah, Mohammed rassoul Allah! (Dieu seul est Dieu, et Mahomet est son prophète !)

Le *fedjeur* est seul annoncé différemment par les vers suivants :

Koumou ! koumou ! la tenoumou :
Hada ouekt el kheïr.
Men ellil maâ nedjoumou
Ou berrah koul nedir.
La tahsabou chi tedoumou
Men la sar isir.
La Allah ill'Allah, Mohammed rassoul Allah !

« Levez-vous! levez-vous! ne dormez plus: c'est le moment de faire le bien.
« La nuit s'est écoulée et les étoiles ont disparu;
« Tous les mueddens appellent à la prière.
« Vous ne vivrez pas éternellement,
« Et celui qui a vécu en impie reconnaitra son erreur.
« Dieu seul est Dieu, et Mahomet est son prophète ! »

Décembre 1881.

Les Trafi

L'origine des Trafi, une des plus nombreuses tribus révoltées, est confuse. On en est réduit aux fables des indigènes ou à des suppositions. Ils sont serviteurs religieux des Oulad-Sidi-Cheikh, de Muley Abd el Kader Djilani, de Muley Taïeb, et quelques familles des Oulad-Abd-el-Kerim sont affiliées à l'ordre de Tedjini. La version la plus vraisemblable leur donne comme ancêtres quatre étrangers que Sidi Maâmar bel Hayia, père des Oulad-Sidi-Cheikh, qui, chassé de Tunis, était venu s'établir à Arbaout, trouva couchés un matin auprès des *touaref* de sa tente. Touaref est le pluriel de tarfa, nom de la corde qui attache la tente aux piquets. Sidi Maâmar apprit que trois de ces Arabes appartenaient à la tribu des Dreïd et que le quatrième, nommé Abd el Kerim, noble d'origine, était de la tribu des Beni-Hachem. Les serviteurs de Sidi Maâmar n'ayant pas toujours présents à la mémoire les noms des nouveaux venus, les appelèrent Trafa (ceux qui ont été trouvés sur les touaref), dont on a fait Trafi. (?)

Les Trafa accompagnèrent le saint homme et lui rendirent tous les services dont ils étaient capables, le protégeant même avec leurs burnous lorsque soufflait le terrible vent du sud. Pour les récompenser de leur zèle, le marabout leur dit un jour : « Votre race croîtra, s'il plaît à Dieu ! Elle sera un jour notre bouclier, notre abri contre nos ennemis comme vous l'êtes aujourd'hui pour moi contre le vent. » De là leur vint un autre surnom, celui de Derraga, qui vient du verbe *derreg* (il a abrité).

D'aucuns disent qu'ils doivent ce nom au djebel Bou-Derga (le mont Bouclier), qui est près de Géryville, au pied duquel ils abritent souvent leurs campements.

D'après cette légende, ce seraient les Trafa, les Derraga et les fils de trois mulâtres domestiques de Sidi Maâmar nommés Rezin, Akerman et Ziad qui formèrent les Trafa, dont les fractions se nomment : les Derraga, les Rezaïna, les Akerma, les Oulad-Ziad. Les descendants d'Abd el Kerim fondèrent la tribu noble de ce nom et une tribu venue de l'est, nommée Oulad-Serour, s'étant jointe à ce noyau, la tribu portant le nom générique de Trafi fut créée.

Une autre légende, aussi admissible que la précédente et très répandue dans le sud de Géryville, fait descendre les Trafi d'une race à demi sauvage qui se nourrissait autrefois de terfès, sorte de truffe très commune. Les chercheurs de ce genre de truffes sont appelés *terfsia.*

On prétend aussi que ce nom vient de *tarfaouï,* ceux qui sont aux extrémités, de *teurf*, le bout, l'extrémité ; mais la précédente version nous paraît la plus logique.

Les Trafi, du temps des Turcs, dépendaient de l'agha de Smelas. Ils payaient un impôt qui était, pour les Derraga, les Akerma, les Oulad-Abd-el-Kerim et les Oulad-Serour, réunis en un seul caïdat, de 500 douros, 24 chamelles, 500 moutons, 24 peaux maroquinées, 4 négresses et 1 cheval. Les Rezaïna et les Oulad-Ziad, qui étaient commandés par deux caïds distincts, payaient leur impôt à part.

Sous l'émir Abd el Kader, ils dépendaient de l'agha des Hachem-Gheraba et étaient divisés en quatre caïdats. L'émir s'étant aperçu qu'ils dissimulaient leurs richesses, leur imposa la *maouna*, impôt d'aide, qu'il fixa tous les ans selon sa volonté.

Les Trafi furent soumis en 1845 par le colonel Géry, qui s'avança avec une colonne jusqu'à Brezina. Quelque temps après ils se révoltèrent, mais furent de nouveau soumis en 1846. A part quelques fractions minimes qui se donnèrent à Sidi Cheikh ben Taïeb en 1849 et en 1852, les Trafi ne causèrent aucun désordre jusqu'en 1864. A cette époque, n'étant pas protégés par nos colonnes, ils quittèrent le pays, devenu dangereux, et la majorité alla tranquillement chez les Oulad-Sidi-Cheikh-Gheraba, attendant la tournure que prendraient les événements. Quelques fractions fournirent pourtant des contingents à nos ennemis, les Oulad-Ziad entre autres.

Etant revenus dans leurs campements, leurs goums nous servirent bravement en 1871 et combattirent contre les Oulad-Sidi-Cheikh et les tribus de l'Oued-Guir, qui menaçaient d'envahir la province d'Oran. Ils restèrent fidèles jusqu'en 1881.

Les Trafi se divisent en six grandes fractions, qui sont :

Les Derraga, les Akerma, les Oulad-Ziad, les Oulad-Abd-el-Kerim, les Oulad-Serour, les Oulad-Maâllah (cette fraction est une branche des Derraga devenue très nombreuse), qui appartiennent au cercle de Géryville, et les Rezaïna, qui sont administrés par Saïda. Les Oulad-Ziad et les Derraga se subdivisent en Cheraga et Gheraba (de l'est et de l'ouest); chacune de ces fractions et subdivisions est commandée par un caïd.

Les Trafi sont pasteurs et nomades. Leurs troupeaux en temps de paix descendent jusqu'aux dunes de sable qu'on appelle les Areg et ne s'arrêtent que par crainte des incursions sans cesse menaçantes des populations du Sahara. Les animaux trouvent dans ces solitudes les plantes salées et nourrissantes qui leur plaisent. Les Trafi ne cultivent pas; cependant, quelques familles possèdent des jardins et des terres labourables dans les ksour. Elles louent ces terres à moitié fruits aux habitants sédentaires. Ces indigènes fabriquent leurs tentes, les couvertures de leurs chevaux et des tapis. Ces produits sont consommés par eux, sauf les *feldja*, grandes bandes d'étoffe qui servent à faire les tentes, et qu'ils exportent. Ils envoient et vendent leurs chameaux, moutons, laines, beurre sur les marchés de Tiaret, Frendah, Saïda, Mascara, où ils s'approvisionnent de grains, d'épices et de cotonnades. Avant l'insurrection, les Trafi expédiaient tous les ans après les premières pluies des caravanes au Gourara pour chercher des dattes. Ces caravanes partaient d'El-Abiod-Sidi-Cheikh et suivaient la route tracée par l'oued Gharbi.

Ce fut la tribu des Oulad-Ziad, fraction des Djeramna, qui assassina, le 22 avril 1881, le lieutenant du 2e de zouaves Weinbrenner, attaché au Service des Affaires indigènes.

Et pourtant, « le genre humain fera défection avant les Trafi ! » disait cette tribu !

Une excursion dans le Tell

« L'esprit de la femme est dans sa beauté. »
(*Proverbe arabe.*)

Le ciel des hauts plateaux a repris la teinte bleue intense qui caractérise le firmament africain. Le soleil n'a pas encore reconquis tous ses droits, mais le printemps est revenu.

Le travail recommence à la limite du Tell et les chantiers d'alfa se peuplent de nouveau. Au delà, les colonnes, immobilisées, surveillent le sud et l'ouest.

La sécurité de la frontière n'est plus troublée que par les rôdeurs marocains.

Les derniers combats des colonnes du Sud Oranais, formées à Mecheria sous la haute direction de M. le général Delebecque, ont infligé de sévères leçons aux tribus insoumises.

Au mois de janvier, le goum des Hamyan, dont plusieurs tentes avaient été razziées par Si Sliman, enlève une partie des dissidents. Le goum était appuyé par une centaine d'hommes de la légion étrangère montés à mulets et suivis eux-mêmes par le reste de la colonne. L'ennemi, surpris dans ses campements, s'est enfui abandonnant un butin considérable et laissant soixante et un cadavres sur le terrain.

Le 27 février, la colonne d'Aïn-ben-Khelil, commandée par le colonel de Négrier (légion étrangère), a enlevé 18.000 moutons, 400 chameaux et tué dix-neuf hommes aux tribus hostiles qui se rapprochaient de la colonne.

Le 28 février, la colonne d'Aïn-Sefra, sous les ordres du commandant Marmet (2e de zouaves), qui opérait vers El-Aouedj-et-Tahtani (le tordu d'en bas), ayant appris que des Amour étaient à quatre kilomètres de Figuig, les a atteints après une marche forcée de plusieurs heures, et dispersés.

En revenant de cette expédition, cette colonne, composée de trois cents hommes, a été attaquée à l'improviste par les gens de Figuig, qui prétendaient lui barrer la route. Sortis de leurs oasis au nombre de quinze cents environ, ils entourèrent la petite troupe, qui se défendit énergiquement et repoussa les ksouriens. Après le combat, le commandant Marmet fit relever trente-sept cadavres et quatre-vingt-trois blessés abandonnés par l'ennemi. Dans cette affaire, nous avons eu deux hommes tués et dix-sept blessés.

Tels sont les principaux événements depuis trois mois. Si Sliman ben Kaddour fait courir de faux bruits et annoncer par ses émissaires des mouvements en avant afin de forcer nos colonnes à quitter les positions qu'elles occupent, mais les espions démentent ces nouvelles et les *reggabs* (porteurs de nouvelles) affirment que les marabouts sont au Tafilalet. On parle bien dans le Sud d'une demande d'amane (de pardon) des Rezaïna, qui ont fait défection au mois de juillet dernier. On prétend aussi que Bou Amama a des discussions violentes avec les autres chefs religieux, qui voient avec peine s'étendre l'influence de cet illuminé. On a même dit, au mois de mars, que Kaddour ben Hamza, le pirate du Sahara, avait tiré un coup de feu sur le marabout de Mograr. Mais rien n'est certain et tout se résume en on dit sans valeur et sans importance.

Les pluies torrentielles et les neiges de l'hiver ont mis de l'eau dans tous les redirs. Les terres, qu'on a pu labourer et ensemencer grâce aux silos de réserve (trous dans lesquels on conserve le blé), promettent une récolte magnifique. Une bonne année remédiera à tous les maux qui, en 1881, ont frappé l'Algérie : sécheresse, insurrection, inondations.

De Tiaret à Marnïa, la province d'Oran espère en l'avenir, et tout fait présager que cet espoir ne sera pas trompé. Le chemin de fer de Saïda fonctionne aujourd'hui jusqu'à Mecheria; celui de Bel-Abbès à Ras-el-Mâ est en voie de construction. Une brigade topographique, dirigée par le capitaine de Castries, parcourt le Sud. Des cartes et itinéraires précis indiqueront désormais les directions à nos colonnes. Le capitaine de Chily, avec des officiers pris dans l'armée d'Afrique, étudie les hauteurs afin d'installer des télégraphes optiques qui relieront nos postes avancés avec Oran et la métropole. Déjà, en quelques heures, le bordj d'Aïn-Sefra correspond avec Paris au moyen du télégraphe placé sur le djebel Aïssa. Les routes de fortune et redoutes sont terminées. On creuse des puits; on aménage les sources. Nos soldats ont pris la pioche : c'est le progrès qui s'avance, menaçant le cœur de l'Afrique, en attendant que le transsaharien nous dise le secret du Sahara et de ses Touareg et des vastes régions du Soudan.(1)

(1) Procope, l'historien grec qui accompagna Bélisaire dans son expédition en Afrique contre les Vandales, prétend que Salomon, le lieutenant de Bélisaire, lui avait affirmé qu'au delà de sa juridiction il y avait un vaste désert *(longissima solitudo)* où l'on voyait une race d'hom-

J'ai parcouru le tell de la province. La ligne du chemin de fer qui va d'Oran à Alger en passant par le Tlélat, Perrégaux, Relizane, Inkermann a repris son aspect accoutumé. Les vagons chargés de vivres destinés à nos soldats sont la seule trace rappelant l'insurrection.

Partout on est d'accord pour discuter les inconvénients de l'application du droit commun à des indigènes qui nous détestent et méprisent la civilisation. Les Arabes, qu'on menace à chaque instant de la responsabilité collective, se sont eux-mêmes aperçus que ce droit commun (1) n'était qu'un mot. Eux seuls payent l'impôt. Eux seuls ont fourni les *haless* (moyens de transport), les convoyeurs, les chameaux, les cavaliers, en un mot, ont supporté toutes les charges de l'insurrection. Le vote de la Chambre qui prescrit l'établissement de l'état civil pour les indigènes est aussi très commenté. L'état civil paraît au moins bizarre pour des tribus nomades, polygames, qui divorcent à chaque instant, etc. C'est une œuvre laborieuse ; et la question de la propriété embarrassera pendant quelque temps les jurisconsultes.

Les indigènes ont des notions très vagues sur la date de leur naissance. On cite ce fait d'un Arabe auquel on demandait son âge et qui, ne pouvant pas répondre, s'obstinait à montrer ses dents, croyant que l'Européen qui l'interrogeait pouvait, ainsi que cela se fait pour les chevaux, constater son âge en voyant sa mâchoire. C'est une complication de plus pour l'Administration, qui a déjà bien des incohérences à son actif.

En passant à Mascara, siège d'une subdivision, où le chemin de fer nous descend à douze kilomètres de la ville, j'assiste à une séance de justice de paix ; malgré la législation française et algérienne, je constate qu'un homme de bon sens est tenu d'accorder la plus grande tolérance aux coutumes d'un pays où la *bechara* est en pratique. On appelle ainsi la somme d'argent remise à l'individu qui, ayant connaissance d'un délit ou d'un crime, prévient les intéressés et parfois indique les coupables. Souvent même, les objets volés sont rendus moyennant une faible redevance ; mais jamais le « bechar » n'est dénoncé.

A Relizane, on me conduit en tribu pour me montrer un mariage. La fiancée est la quatrième femme de l'Arabe qui l'épouse. C'est lui qui donne la dot à la famille, au rebours de ce qui se passe en France. La jeune fille, peinte comme une châsse, est promenée dans un *atouch* (palanquin) placé sur le dos d'un chameau. La place qu'elle occupera dans l'affection de son mari ne paraît point trop la préoccuper ; ainsi

mes blonds, à teint blanc ; or, cette race ne venait pas des Vandales, qui n'avaient occupé la Numidie que pendant quatre-vingt-dix ans avant leur expulsion. Et nous n'en savons guère plus aujourd'hui.

(1) Encore aujourd'hui (1899), les colons algériens paient trois ou quatre fois moins d'impôts que les colons des colonies anglaises de l'Australie et de la Nouvelle-Zélande.

le veut le Coran,[1] qui permet quatre femmes légitimes aux serviteurs de Mahomet. On ne parle pas des concubines, qui, dans les familles riches, sont représentées par un certain nombre de négresses à peu près esclaves. Après la diffa copieuse, j'admire les danses voluptueuses des filles des Oulad-Naïl, du Djebel-Amour et des Ksour. Ce sont ces tribus qui fournissent à l'amour vénal ses principaux contingents. Je note, au point de vue ethnographique, les vêtements que portent ces danseuses; le rouge est la couleur dominante. Les mains sont teintes avec du henné; la tête est couverte par la *chéchia*, sorte de bonnet conique en soie; le *embouche*, voile très fin; le *mendil*, foulard doré qui couvre le front; les *kross*, gros anneaux servant de boucles d'oreilles.

D'après la légende, Abraham ayant eu la faiblesse de promettre à Sarah le sang d'Agar, fit percer les oreilles de cette dernière et ayant ainsi recueilli du sang et tenu sa promesse, passa des anneaux d'or dans les trous faits aux oreilles de sa concubine esclave.

J'admire le *segoá*, bandeau de pièces d'or qui, placé sur le mendil, les fait ressembler à des sphinx; la *charka*, collier de cou. Sur le corps, elles placent la *kmedja*, chemise avec manches en mousseline; la *abaya*, seconde chemise, très longue; le *rolef*, troisième chemise sans manches, généralement en soie; le *azem*, ceinture ouvragée et dorée très riche; la *melahfa*, pièce d'étoffe en laine dans laquelle elles s'enveloppent; les *bezaïm*, épingles-broches qui, plantées à hauteur des seins, maintiennent la melahfa; la *soura*, bracelet en métal plus ou moins précieux, selon la fortune; les *khatem*, bagues; le *kholkhal*, bracelet de jambes massif et large qui tombe sur le cou de-pied; les *bolra*, souliers, et enfin le *magroun*, voile qui leur descend jusqu'aux pieds et leur sert à cacher la figure en présence des

(1) Le Coran contient les principes du droit arabe, mais il a été complété par la Sonna (loi traditionnelle), surtout pour le droit civil. La Sonna l'explique et contient les Hadith (entretiens) du prophète Mahomet, que ses compagnons ont recueillis.

Le Coran a été commenté par plusieurs musulmans, mais quatre interprétations seulement sont considérées comme orthodoxes. Ce sont celles de Hanefi, Malek, Chaféi et Hanbal, qui ont créé les Hanéfites, Malékites, Chaféites et Hanbalites. Les autres commentateurs sont considérés comme non orthodoxes.

Outre ces divisions secondaires qui ne concernent que les interprétateurs du Coran, les mahométans sont partagés en deux sectes politiques dont la rivalité s'est traduite par une longue suite de guerres sanglantes :

1° Les Sonnites (de Sonna), dont font partie les populations arabes et turques et qui ne reconnaissent pour successeur de Mahomet que les califes Abou Bekeur, Omar et Osmane ;

2° La secte schyite (hérétique), qui se compose des Persans, des Indiens et prétend qu'Ali, gendre et ministre du Prophète, a seul droit à son héritage politique et religieux.

En politique, l'arabe est sujet français, mais non citoyen (sénatus-consulte du 14 juillet 1865, article 1er), et lorsqu'il voyage à l'étranger, il a droit à la protection des agents de la France.

Les israélites algériens jouissent au contraire des droits des citoyens français (décret du 26 octobre 1870), et c'est à cette grave erreur que nous avons dû, en 1871, la défection de plusieurs grands chefs arabes et que nous devons actuellement l'abaissement moral du suffrage universel en Algérie (1881).

infidèles. Un habillement de ce genre ne coûte pas moins de 500 francs, sans les bijoux. Pendant que les femmes aux mains teintes avec du henné (1) se reposent, des danseurs ont pris leur place. Ces gens sont généralement mal considérés, mais les mauvais drôles ne sont pas rares, dans les tribus, qui se sont dépravés au contact de la civilisation. Ces indigènes bondissent en simulant la danse du sabre.

Leurs sauts sont accompagnés d'un chant à la mode qu'on nomme « la chanson de la femme à Si Sliman » et dans lequel sont contenues mille injures à l'adresse de l'épouse du célèbre chef des Oulad-Sidi-Cheikh marocains.

Je profite de l'animation pour prendre le détail de leur costume. A terre, ils ont déposé le *médol*, haut et large chapeau de paille dont les bords intérieurs sont doublés de triangles de drap de toutes les couleurs. Ils ont sur la tête la *chéchia*, calotte rouge assez semblable à celle de nos enfants de chœur. Sous la chéchia se trouvent le *klal*, calotte en feutre, et la *araguïa*, calotte en coton faite au crochet; ils appellent *haïk* le voile qui leur entoure la tête et qui passe sous le cou. Ce voile est maintenu par le *krit*, corde en poil de chameau. De même que les femmes, les élégants portent la abaya et le kmedja, mais la plupart se contentent de la *gandoura*, large chemise sans manches. Comme nous sommes en hiver, ils ont les pieds recouverts de *tkacheur*, chaussettes tricotées en laine, et de *sabbates*, souliers. Les *chebirs*, éperons très longs et pointus, sans molettes, reposent à côté du *médol*. Ces éperons sont parfois agrémentés d'ornements en or ou en argent. L'indigène qui me donne ces explications m'apprend que pour 200 francs je puis me procurer un costume sem-

(1) Le henné (*Lawsonia inermis*. — Linné) ne croit et ne peut se cultiver que dans les pays chauds où le climat est sec et dans lesquels la neige est rare et ne reste pas sur le sol.

Le henné se sème à la volée, au printemps; on fume et on prépare la terre par un labour et on enterre la graine au moyen d'un second labour. On arrose tous les deux jours environ. Quinze jours après, la plante lève; elle croit, haute et épaisse comme la luzerne. Dans le Tell, on la fauche une première fois en été et une seconde fois en automne. A ce moment, la plante porte ses graines. Les Arabes la coupent avec une faucille, mais la faux serait préférable.

Le henné est une plante vivace qui dure (la racine) environ cinq années.

La plante entière est séchée et employée, feuilles et graines, aux mêmes usages pour les hommes et les animaux. On la broie et avec la poudre on forme une pâte dont les propriétés astringentes sont un spécifique presque universel, chez les Arabes, pour les contusions et les plaies. On en fait également des applications sur les muscles et tendons lésés par suite d'efforts. Elle remplace, pour les jeunes enfants, la poudre de riz, et empêche les gerçures. On le met sur le crâne des nouveaux-nés pour empêcher les boutons et fortifier le cuir chevelu. Les femmes s'en servent comme cosmétique, pour se teindre les mains et les pieds en rouge orangé, les jours de fête. On en use aussi pour la teinture des étoffes. Chose particulière, le henné teint la laine en rouge et le coton en jaune.

On peut estimer la consommation annuelle moyenne à cinq kilogrammes par tente. Pauvres et riches, tous s'en servent.

Dans la province d'Oran, cette plante est rapportée du Gourara et des Ksour marocains par les caravanes; elle est aussi cultivée aux environs d'Oran et de Mostaganem; sur le marché de Saïda, elle se vend en moyenne de 1 fr. 20 à 1 fr. 40 le kilogramme.

blable, moins le burnous blanc et le *khidous*, burnous noir, qui augmentent de prix suivant la finesse du tissu.

Après les danseurs, nous regardons les Aïssaoua, jongleurs qui avalent des serpents ou mangent du verre et se font passer pour inspirés. Cette secte africaine a sa principale zaouïa (école-église) au Maroc. Les expulsions et la surveillance à laquelle on l'a soumise ont singulièrement diminué le nombre des adhérents, qui, généralement, habitent les villes et ne sont point vagabonds.

Je quitte cette fête la tête rompue par les détonations des armes à feu et les *you you* perçants que lancent les femmes dans le haut de la voix. En revenant, l'officier qui m'a servi de guide me fait connaître, afin que je puisse comparer les deux systèmes, la façon dont se perçoit l'impôt en territoire militaire. C'est encore lui qui me donne les détails que j'ai recueillis sur l'administration militaire, la composition des colonnes et des goums.

Mars 1882.

Une Dépêche

« A Mecheria, avril 1882.

« La mission topographique du capitaine de Castries, qu'escortaient deux compagnies de la légion étrangère, a été attaquée dans le chott Tigri.

« Quarante-neuf soldats, un sous-officier et deux officiers sont tués; vingt-cinq légionnaires et deux officiers sont blessés.

« Le général Colonieu et le général de Négrier sont partis avec la colonne d'Aïn-ben-Khelil à la poursuite de l'ennemi. Ce mouvement est appuyé par les colonnes d'Aïn-Sefra et d'El-Aricha. »

Cette dépêche m'a été communiquée au moment où je partais pour la Kabylie et m'a causé une impression pénible. Je ne pensais pas être si bon prophète lorsque, il y a quelques jours, je prétendais que la sécurité n'était pas rétablie. Sous peine d'insultes et d'attaques journalières, nous voici forcés de châtier les tribus marocaines, et cela peut nous entraîner dans une expédition interminable.

C'est un échec que nous avons subi. Non point un échec dû au manque de bravoure, mais aux dispositions prises. Nos soldats se sont vaillamment battus; les officiers se sont fait tuer héroïquement. On les avait lancés en enfants perdus dans le désert; ils ont été accablés par des milliers de fanatiques qui les ont attaqués. Nous ne connaissons pas les détails du combat; mais, étant données nos pertes, il est probable qu'il y a eu désordre, manque de décision dans le commandement. Le fait pourra se reproduire chaque fois qu'un détachement aussi minime sera assailli par une nuée d'Arabes. En admettant que les troupes conservent leur sang-froid, que le terrain soit favorable à la défense, que les munitions ne s'épuisent pas, la masse aura quand même raison du courage. (1)

L'ennemi a subi des pertes considérables, c'est certain, mais derrière le premier rang qui tombait il y en avait un second, il y en avait dix! On s'est battu corps à corps, le convoi a été enlevé, les hommes sont morts! A qui incombe la responsabilité? Ne pouvait-on attendre un moment plus favorable pour envoyer sur le territoire marocain une mission topographique?

Nous ne connaissons qu'imparfaitement celui de nos possessions algériennes. Nos colonnes marchent guidées par des indigènes et ne possèdent que des cartes incomplètes. Pourquoi ne point terminer le travail concernant le sud de l'Algérie avant d'entreprendre une exploration aussi périlleuse? Et, si cela était d'une urgence reconnue, pourquoi n'avoir point fait escorter cette mission par une troupe assez nombreuse pour la protéger avec succès? Pourquoi nos généraux, connaissant le danger qu'ils ont affronté cent fois, ont-ils exposé ainsi la vie de leurs soldats?

Parce que si des événements peuvent être prévus par l'expérience, les chefs n'ont pas toujours l'indépendance voulue pour s'opposer aux exigences des personnalités et surtout à la pression de l'opinion publique.

Parce que, en Algérie comme en France, on est brisé si on ne cède pas à la force brutale que résume l'axiome antique : *Vox populi, vox Dei!* Comme si le savoir et l'intelligence étaient représentés par le nombre!

Avril 1882.

L'insurrection

« La forêt n'est brûlée que par son propre bois. »
(Proverbe arabe.)

Les Arabes dissidents sont au Maroc ou dans l'extrême-sud, et ce serait folie de prétendre les atteindre.

Les effectifs des colonnes, réduits à deux bataillons et un escadron, occupent El-Aricha, Ras-el-Mâ, Mecheria, Aïn-ben-Khelil et Aïn-Sefra.

Le rôle de ces colonnes est purement passif. Les soldats tracent des pistes et construisent des redoutes qui défendent désormais à l'ennemi l'approche des points d'eau.

(1) La destruction de la colonne Beauprêtre, le combat de Kheneg-el-Azir, en 1864, le combat de Mesloug, en 1871, et mille autres exemples peuvent être donnés comme preuves.

C'est le calme après la tempête. Profitons de cette accalmie et, en présence des sommes énormes dépensées, des forces considérables déployées et du mince résultat obtenu, essayons de définir et d'analyser les causes premières de l'insurrection oranaise. Comme pour toutes les insurrections algériennes, le mobile avec lequel les chefs indigènes ont fait agir les Arabes, c'est la question religieuse; c'est à la foi dans une autre existence qu'on doit attribuer le mépris de la mort et, comme conséquence, l'audace que les indigènes ont montrée dans leurs incursions sur le territoire colonisé. La haine religieuse a fait proclamer le *djehed*, la guerre sainte, et toutes les tribus ont failli suivre un névrosé, un homme de rien,(1) un intrigant, ce misérable Bou Amama pour lequel les véritables chefs des sectes religieuses avaient une si piètre estime. Mais la religion n'est point la seule cause et nous avons déjà démontré que des questions vitales, telles que la question des forêts,(2) l'estivage, la prépondérance des israélites indigènes, avaient aussi une large part dans le mécontentement des Arabes. Joignez à cela, en 1880, l'application du droit commun français, les rattachements prématurés de territoires encore dangereux au territoire civil, les expulsions brutales pour cause de colonisation, etc., et nous arriverons à une somme de vexations, de procédés impolitiques suffisante pour surexciter un peuple qui, de par le Coran, sera toujours notre ennemi. Quelques journalistes, qui avaient prôné à outrance l'assimilation, sont maintenant eux-mêmes convaincus qu'on a été trop vite et accusent timidement les incapacités subalternes qui ont représenté les débuts du régime civil (3) au milieu des tribus habituées aux décisions nettes et surtout rapides de l'autorité militaire.

« *Ils sont pires que les Turcs! ceux-ci rasaient les récoltes : eux, ils arrachent les racines!* » disaient les indigènes en parlant des fonctionnaires et des hommes de loi. (Enquête parlementaire.) C'est, en effet, en grande partie aux agissements maladroits de fonctionnaires nommés hâtivement, sans étude, sans préparation, sans examen, (4) qu'il faut attribuer les événements douloureux dont notre colonie a été victime. C'est aux entraves apportées dans les choses les plus simples qu'il faut attribuer le mépris des ordres, les hésitations, la perte du prestige de l'autorité.

(1) *Djerad !* (une sauterelle!) disait de lui Sidi Hamza.

(2) Voir *la Revue Tunisienne*, organe de l'Institut de Carthage, du mois de juillet 1889, n° 23.

(3) Il y a, en France (1889), 70.000 israélites pour 38.000.000 de Français. En Algérie, il y a 50.000 israélites en présence de 300.000 Français, 240.000 étrangers et 3.800.000 indigènes. Revenir sur le décret Crémieux (1870) est impossible, mais on devrait exiger que les Juifs algériens parlent le français pour jouir de leurs droits d'électeurs.

(4) En trois ans, on eut à relever de leurs fonctions, pour incapacité et fautes graves, vingt-quatre administrateurs..... (*L'Algérie en 1891*. Rapport de M. BURDEAU.)

Le prologue du drame sanglant qui se nomme *l'Insurrection de 1881* peut s'appeler: *Les Rattachements de 1880!*

L'Arabe, dont la race [1] ne reconnait le droit de commander qu'à l'homme de poudre, l'indigène de grande tente, qui a vu passer Bugeaud, Cavaignac, Changarnier, Pélissier, Saint-Arnaud, etc., qui adore les distinctions, les honneurs, qui respecte l'uniforme, fût-ce le simple manteau rouge d'un spahi, a cru la France amoindrie lorsqu'il eut constaté que le commandement passait sans transition des mains d'un soldat énergique dans celles d'un inconnu. Il n'a pu croire que la nation dont le plus haut représentant en Algérie était un fonctionnaire inhabile ne fût pas en décadence. Ce peuple qui hait le chrétien, et pour lequel l'envahisseur c'est l'Européen, s'est soulevé plein d'espoir lorsqu'il a senti disparaître la main de fer qu'il estimait mais qu'il craignait, parce qu'elle représentait le châtiment et la sécurité après plusieurs siècles de pillage et d'anarchie.

En un mot, et ceci est banal, on n'a point tenu compte du passé, qui devait être la leçon de l'avenir.

Le régime des rhéteurs et des proconsuls a perdu la Libye romaine; celui du droit commun appliqué trop vite pourrait perdre l'Algérie; [2] une tribu ne reconnaîtra jamais pour maîtres, même parmi ses membres, que les représentants de la force et du courage. Les indigènes se sont agités en voyant l'hostilité à laquelle depuis quelque temps l'administration militaire était soumise, les obstacles apportés dans le service, les tracasseries des bureaux du Tell, la mesquinerie qui présidait à l'établissement des budgets du Sud, alors qu'on dépensait sans compter des millions pour les rattachements de territoires, l'établissement et les émoluments des fonctionnaires. Ils se sont soulevés sans hésiter lorsqu'ils ont vu le peu de valeur de ces représentants de l'Administration qui, si drôlement, prêchaient l'assimilation par la fusion des races; lorsqu'ils ont constaté le parfait arbitraire dissimulé sous ces mots: assimilation et droit commun.

On a répété à satiété une ineptie en disant que les insurrections éclataient toujours en territoire militaire. Il serait difficile qu'il en fût autrement, puisque c'est le seul point dangereux. Ce n'est pas sur le littoral, où la colonisation occupe le sol, où l'indigène s'est plus ou moins civilisé, ce n'est pas dans le Tell, occupé par de nombreuses

(1) On peut diviser les indigènes algériens en trois races :
1° Le Berbère (Kabyles, Touareg);
2° Le Berbère arabisé (Arabe maure);
3° Le Nègre. Quant aux Juifs algériens, ils sont venus d'Asie ou sont les descendants des Juifs chassés d'Espagne et de Portugal au XIV° et au XVI° siècles.

(2) Depuis cette époque, l'administration civile s'est entièrement modifiée et grâce au choix et aux examens qui existent maintenant, il faut espérer qu'on ne retombera plus dans les graves erreurs commises en 1880.

garnisons et presque abandonné par les Arabes, qui ont cédé la place aux Européens, que peut débuter avec succès un soulèvement.

Du reste, pourquoi n'a-t-on pas fait un essai loyal en envoyant des administrateurs civils dans le Sud et pourquoi à la première épreuve ce régime qui voulait diriger tout s'est-il trouvé tellement au-dessous de sa tâche qu'il n'a pas hésité à faire appel [1] aux mesures d'exception et à l'autorité militaire, à laquelle il a rendu le direction des tribus sahariennes? Le Gouvernement soi-disant militaire a été accusé d'être le seul obstacle à la colonisation; eh bien! nous étudierons quelle était l'organisation de ce fameux *régime du sabre*.

« Il consistait en deux Conseils: l'un, dit consultatif, se composait avant 1870 de douze membres: [2]

« Le gouverneur général, président;

« Un général sous-gouverneur;

« Le commandant supérieur du génie;

« Le colonel chef du bureau politique;

« Le secrétaire général du Gouvernement;

« Le procureur général près la Cour;

« L'inspecteur général des Travaux publics;

« L'inspecteur général des Finances;

« Trois conseillers rapporteurs;

« Un secrétaire du Conseil;

« Total: 4 membres militaires et 8 membres civils.

« Sous l'autorité de ce Conseil fonctionnaient les préfets, commandants supérieurs, sous-préfets, maires, ingénieurs, agents des Finances, etc.

« Le second Conseil, dit supérieur, se composait ainsi:

« Les douze membres du Conseil consultatif;

« Les trois généraux commandant les trois provinces;

« Les trois préfets;

« Les trois prélats;

« Le premier président de la Cour;

« Le recteur d'Académie;

« Les six délégués des Conseils généraux;

« Total: 7 membres militaires et 22 membres civils.

« Depuis 1870, l'élément militaire avait été affaibli par la suppres-

(1) Décret du 26 novembre 1881, rapporté le 6 avril 1882, qui rendait au commandant du 19e corps *l'administration entière du territoire de commandement.* De plus, sur la demande du gouverneur général civil et à la suite d'une convention intervenue avec le ministre de la Guerre, une circulaire officielle fut adressée aux officiers des Affaires indigènes.

Cette circulaire les autorisait à entrer comme administrateurs dans les communes mixtes. Leur droit à l'avancement était réservé, car ils conservaient leur grade et étaient considérés comme étant en mission. Aucun officier n'accepta.

(2) *Annuaire Administratif de l'Algérie : Situation de l'Algérie*; par M. Leblanc de Prébois.

« sion du général sous-gouverneur, et l'élément civil avait été aug-
« menté de douze conseillers généraux. »

Voilà ce qu'on a appelé le *régime du sabre!* En vérité, on attribue bien peu de capacité et surtout de fermeté aux 28 membres civils, pour qu'ils n'aient point imposé leur volonté aux 6 représentants militaires !

Veut-on une autre preuve que jamais les chefs militaires n'ont entravé la colonisation ? Cela est facile.

Copions des documents et prenons une date officielle.(1)

En 1875, le chiffre de la population européenne en Algérie était de 244.616. D'après les statistiques présentées à l'Assemblée nationale, on trouvait dans ce chiffre 50.000 cultivateurs et 40.000 commerçants ou artisans, ce qui équivalait à 90.000 âmes de population utile. Les 150.000 Européens restant se composaient d'individus sans aucune attache sérieuse à la colonie et du rebut des villes d'Europe, qu'on appelle en Algérie l'*armée roulante,* laquelle travaille peu et ne cultive pas.

A la même époque, les terres livrées à la colonisation formaient une superficie de 525.000 hectares, soit 5.250 kilomètres carrés.

Etant donnés 50.000 agriculteurs (femmes et enfants compris), il y avait donc moins de 10 Européens par kilomètre carré, et si à ce nombre on ajoute les 50.000 indigènes(2) restés sur les terres, cela ne faisait encore que moins de 20 habitants par kilomètre. Or, toujours d'après les statistiques officielles, dans plusieurs de nos départements du Midi, on comptait 35 agriculteurs par kilomètre carré. Il manquait donc 15 habitants par kilomètre pour que les terres algériennes fussent peuplées à l'égal des départements similaires de France. (3)

En un mot, il aurait fallu, en sus de ceux qui s'y trouvaient, 78.750 nouveaux colons pour cultiver les 526.000 hectares appartenant à la colonisation.

Conclusion : on peut affirmer que la terre n'a pas manqué au colon, mais que c'est le colon qui a manqué à la terre, et c'est pourquoi il fallait jusqu'à nouvel ordre accepter le concours des étrangers et des indigènes, qui représentaient la main-d'œuvre en Algérie.

(1) *Situation de l'Algérie.* AILLAUD, éditeur, Alger. 1875.

(2) Nous ne comptons pas dans ce chiffre les Juifs naturalisés en masse par le décret Crémieux. Cette mesure, qui n'était justifiée par aucune nécessité, a blessé cruellement les Arabes et a surexcité leur haine contre la France. Dans les tribus, on prétendait que, depuis nos désastres de 1870, la France était devenue si faible qu'elle était forcée d'enrôler les Juifs dans son armée pour se défendre contre la Prusse.

(3) La natalité européenne est aujourd'hui (1900) plus élevée en Algérie (35.2 pour 1.000, qu'en France (29.5 pour 1.000). Il est vrai que la mortalité y est supérieure (29,5 au lieu de 23), mais elle diminue chaque année ; c'est à partir de 1858 que l'excédent des décès a disparu. Pendant les vingt premières années de la conquête, la mortalité européenne fut considérable, et, de 1830 jusqu'en 1864, il y eut 63.000 décès contre 45.000 naissances.

A-t-on fait mieux depuis ?

Le Gouverneur annonçait en 1880[1] que l'ère des restitutions allait commencer et que désormais la Colonie rendrait à la Métropole les sacrifices faits par elle.[2]

Il affirmait que le total des dépenses coloniales ne s'était élevé qu'à 60 millions pendant l'année, que satisfaction avait été donnée à tous les colons qui réclamaient des terres, que des rattachements avaient agrandi le territoire civil de 2.033.937 hectares, peuplés par 466.245 habitants. Il annonçait pour 1881 de nouveaux rattachements s'élevant à 1.847.689 hectares, peuplés par 1.743.940 âmes, ce qui portait la superficie du territoire civil à 9.231.272 hectares et sa population à 2.210.185 habitants. Son programme comprenait l'installation de 1.407 familles, formant un total de 5.628 personnes.

Voilà ce qu'annonçait, et bien d'autres choses encore, M. Grévy.

Ce qu'il ne disait pas, c'est que, pour avoir ces terres, on expropriait les indigènes, qu'on acculait comme les Kabyles à des rochers et comme les tribus du sud aux sables du Sahara, sans leur donner de compensation en rapport avec le dommage qu'ils éprouvaient;[3] c'est qu'on surexcitait les chefs arabes en oubliant l'article 5 de la capitulation, qui garantit le respect de la propriété, c'est qu'on violait le droit des gens, qu'un peuple libéral comme la France devait protéger.

Et, laissant ces grands principes de côté, il est très simple de démontrer que la politique seule faisait agir l'hôte du palais de Mustapha, dont les conseilleurs n'étaient certainement pas des payeurs.

Chiffres en mains, il était incontestable que les appointements des administrateurs, adjoints, juges de paix, greffiers, gendarmes, gardes champêtres, etc., que nécessite une commune mixte ou civile, dépasseraient de beaucoup le mince supplément alloué aux officiers

(1) Discours au Conseil supérieur.

(2) Finances algériennes en 1897 : Recettes, 53.802.194 francs. Dépenses, 71.008.728 francs. Différence : 17.206.534 francs, plus les dépenses pour pensions civiles, gendarmerie, soit 12 millions : Déficit réel : 30.000.000 de francs!

(3) « Nous devons limiter l'expansion musulmane en lui imposant les frontières qu'elle a atteintes, mais nous devons accepter et même respecter l'islam partout où nous le trouvons établi, tant au Soudan qu'au Touat.

« L'intérêt que nous aurions à l'annihiler n'est pas démontré : ce qui l'est, c'est le danger qu'il y a à le combattre ou à l'indisposer contre notre domination.

« Il n'est que juste de rappeler les services que l'islam a rendus à la cause de la civilisation en Afrique, et l'on doit penser à ceux qu'il peut y rendre encore. Partout où il a pénétré chez les noirs, il a fait cesser l'anthropophagie, il a adouci l'esclavage et a arrêté les querelles intestines ; il a assuré la sécurité des routes et du commerce, a empêché l'usage des nourritures immondes et a épargné à beaucoup d'Africains le fléau de l'ivrognerie.

« S'il a eu quelquefois la main lourde, il ne faut pas oublier que les noirs sont de grands enfants que, souvent, les chrétiens ont dû châtier (en vérité, avec excès de zèle), et il est aussi injuste d'attribuer à l'islamisme les déprédations que commettent, dans le centre de l'Afrique, des bandes de brigands arabes, que de reprocher au christianisme les horreurs de la traite des noirs. » (Circulaire du Gouverneur de l'Algérie. 1900-1901.)

des Affaires indigènes et la solde du maghsen.[1] Il était certain que les constructions nécessaires à l'établissement d'un personnel européen coûteraient des sommes énormes et que l'impôt, qui ne rentrerait pas plus facilement, serait diminué par les frais occasionnés par les voyages et la présence des recenseurs, collecteurs, etc. Il était simple de prévoir que les indigènes étant polygames, jouissant du divorce, n'étaient point aptes à recevoir et à comprendre tout à coup l'application du droit commun et les us et coutumes de l'administration française.

Pour démontrer l'absurdité de cette dernière prétention, il suffisait de retourner la proposition et de supposer les Arabes ayant conquis la France et nous appliquant le droit commun musulman? — Bref, il était facile d'étudier, de penser, de parler, mais personne n'a élevé la voix, parce que personne ne savait ou n'osait, parce que l'Algérie, qui était la patrie des étrangers, était aussi devenue la patrie des fonctionnaires. Jusqu'en 1879, on avait agi avec une extrême prudence lorsqu'on touchait aux coutumes ou propriétés indigènes. Les rattachements se faisaient partiellement, car ce n'est point en un jour et avec un décret qu'on obtient en pays ennemi sécurité et obéissance. Les territoires n'étaient remis à l'administration civile qu'après avoir passé par le régime militaire et par le régime mixte, qui servait de transition. Ils n'étaient érigés en communes civiles qu'au moment où ils pouvaient se suffire avec leurs propres deniers provenant soit de l'impôt soit de leur commerce ou de leur agriculture. L'intérêt de la France se portait aussi bien sur les Arabes, anciens maîtres du sol, véritable main-d'œuvre de la colonie et, à partir d'une certaine limite, les seuls producteurs, que sur les colons italiens, maltais, turcs, juifs, espagnols, agglomération sans liens et turbulente composée de déclassés, de chercheurs de fortune de toutes les nations[2] qui encombrent la colonie et demandent, selon l'expression populaire, que les alouettes toutes rôties tombent du ciel. Cette manière d'agir prouvait que les administrateurs militaires ou civils étaient choisis et connaissaient gens et pays.

Le service était assuré dans les postes lointains, dangereux, par la présence d'officiers énergiques, instruits, dévoués, qui faisaient respecter le pouvoir. Combien a-t-on compté d'hommes capables dans le nouveau personnel investi si rapidement et si imprudemment?

(1) Voir: *La Grande Kabylie en 1880. Revue Tunisienne* d'avril 1900, n° 26.

(2) Il y a eu 20.000 (environ) naturalisations d'étrangers européens de 1865 à 1897, mais ces étrangers se soucient peu, en grande partie, de leur nationalité ou n'ont en vue que leur intérêt immédiat.

La loi de 1889 ajoute aux naturalisations volontaires les fils d'étrangers dont les pères sont nés sur le territoire français et les fils d'étrangers nés sur le territoire qui ne déclinent pas la qualité de français pendant l'année qui suit leur majorité. C'est la naturalisation automatique, qui a ses adversaires et ses partisans.

La situation était nette lors de l'arrivée de ce personnel. Les administrateurs ont pu agir : agents et finances ont été mis sans compter à leur disposition. Qu'ont-ils obtenu?

Les dépenses se sont accumulées, l'autorité militaire et le Gouvernement d'Alger ont perdu leur prestige, les indigènes se plaignent, s'insurgent ou font défection ; l'administration, l'armée et la magistrature sont en butte à des accusations ridicules. Les maladies et les fatigues déciment les troupes de nos colonnes. On s'aperçoit alors que les bavards, les péripatéticiens des arcades Bab-Azoun ne sont pas des capacités coloniales et qu'une once de sang français vaut bien un quintal de leur encre. Voilà la situation que nous a créée un régime appliqué sans transition.

Quand notre armée aura versé son sang pour rétablir l'ordre, garantir les frontières, venger les Européens massacrés, aura-t-on le courage d'avouer que l'ère des insurrections, l'ère des temps héroïques (comme l'a appelée M. Albert Grévy) n'est pas close? Aura-t-on le courage de maintenir assez longtemps dans le poste de gouverneur général l'homme qu'on aura jugé capable de tirer des efforts de tous, des dépenses de la Métropole, les conséquences qu'ils comportent ?

On n'invente pas un gouverneur colonial ! (1) Dans l'intérêt de tous, l'Algérie a besoin d'être dirigée par un administrateur indépendant, (2) instruit, désintéressé, ayant assez d'expérience, d'autorité, d'énergie pour choisir et s'entourer d'un personnel actif possédant des capacités et un passé. Il faut, en un mot, un chef connaissant le pays, ses besoins, ses mœurs, étudiant ses transformations et se souciant peu du qu'en-dira-t-on. Qu'il soit civil ou militaire, peu importe ! Ce gouverneur ne devra voir que le but et mettra un terme aux dissensions politiques, aux expériences prématurées, aux prétentions des gens qu'il aura à administrer.

L'accord de l'autorité coloniale et des colons européens et indigènes est une chose aussi utile que l'accord du cavalier et du cheval, mais il est absolument nécessaire que celui qui gouverne n'oublie pas, n'oublie jamais que c'est lui qui est le cavalier.

1882. P. Wachi.

(1) Il y a pourtant eu vingt-deux gouverneurs en Algérie de 1830 à 1877, soit un tous les deux ans en moyenne, et cela paraît devoir continuer longtemps ainsi !

(2) Après leurs longues et nombreuses expériences coloniales, nos voisins les Anglais ont évité les erreurs de centralisation, et, dans les colonies anglaises, l'indépendance des pouvoirs locaux est un fait et non un mot.

TABLE DES MATIÈRES

Tunis — Imprimerie Rapide

www.ingramcontent.com/pod-product-compliance
Ingram Content Group UK Ltd.
Pitfield, Milton Keynes, MK11 3LW, UK
UKHW021201220726
13924UKWH00003B/1262